中国风俗志

北京卷

马海方 绘　曹荣 著

为民族风俗的传续留念
为中华文化的复兴存根

刘晓峰
李北山　总主编

泰山出版社·济南·

出版说明

随着当代中国工业化和城市化进程的加快，人们的生活方式快速变迁，乡风民俗正迅速发生变异甚至消亡。对各地的乡风民俗的抢救性记录，成为当务之急。

乡风民俗作为人们生产生活过程中所形成的一种文化现象，因其非物质性，甚至非口头性，只能以文本、影像等形式加以记录保存，但都有其局限性。因此，泰山出版社另辟蹊径，以"图绘+文献"的形式整理、记录、保存中国各地的乡风民俗。

在中国，风俗画有着悠久的历史，是劳动人民热爱生活、记录生活而进行的艺术上的创造。从石器时代的岩画到汉代的画像砖，都以图绘的形式记录了人们的日常生活。到唐宋时期，风俗画的制作已蔚然成风，如北宋张择端的《清明上河图》、南宋李嵩的《货郎图》，不仅形象生动地展示了当时的风俗人情、衣冠服制等，还让画作本身成为艺术珍品。当代风俗画在传统风俗画的基础上，将中国画艺术和民俗主题进一步融合，其作品形式直观、鲜活，充满了艺术的魅力和民间的气息，以特有的艺术形式为我们呈现了正在加速消亡的乡风民俗。

泰山出版社历时四年推出《中国风俗图志》系列丛书，以图绘形式尽可能系统地整理、记录、保存中国各地的风俗，与文字记录、研究形成互补和互释，以"左图右史"的形式加以呈现。二者相辅相成，不仅描述"民俗是什么"，更探究"民俗为什么"；既希望让读者能够记住乡愁，也力图为中国的民俗学研究提供另一种文本。此次推出的《中国风俗图志》系列第一辑共11卷，分别为："北京卷""武汉卷""关中卷""杭州卷""苏州卷""常州卷""石家庄卷""吉林卷""中山卷""川西卷"及"鲁西南卷"。本卷为"北京卷"，由马海方先生绘图并撰写图注文字，曹荣教授撰稿。

为民族风俗的传续留念！为中华文化的复兴存根！这就是《中国风俗图志》这套大型丛书的目的。

总序

  风俗和图画，是我们每个人从小就熟悉的两件事物。

  以风俗说，人以群居，则事有相沿，浸浸自然成俗。习俗积久，其数必夥，自有聪明之士，兰心蕙目，笔墨志之。是故汉有风俗之书，梁有荆楚之记。以图画说，巧拙不论，凡人从小到大，皆有笔画彩涂的经历。而人最喜欢摹画者，当然是身边诸物，是自己觉得最有意思的生活细节。所以风俗入画，在中国早见于岩画、画像石与壁画之中。今天博物馆留存的中国历代画作，如《清明上河图》这样专以风俗为题材的亦多有。进一步说到文字与图的结合，同样历史久远。流传至今的《山海经》，就是为已经遗失的《山海图》写下的注释文字。而以图插于书中，则更为中西书肆业者共同热心做的事情。因为图文有相互参映之效，所以鲁迅称赞之"不但有趣，且亦有益"。但举目书林，像本套书这样大规模将图画与笔墨并举而为地方风俗图志者，可谓前所未有。《中国风俗图志》将艺术之美与文字之美紧密地结合在一起，擎优美文字介绍一地之风俗，嵌艺术彩墨展示一方之风化，诚可谓具有极高艺术价值，展示深湛审美意蕴，足以令人耳目一新。

总 序

风俗就是我们的生活。每一个人从出生那一天起，就身处于某一地风俗之中，并不知不觉被此地风俗浸染，美之乐之。但是，我们所在的，是一个充满变化的世界。改革开放四十多年，中国的变化天翻地覆。一方面，是城市的巨变。北京，如大饼般一环一环摊开，成为拥有七环的巨大首都；深圳，由南方一个小小渔村变身成千万人生活的现代化城市；在我们注意不到的地方，都市在扩展，以亿万计的人口在涌进城市。另一方面，是农村的巨变。在我们不知不觉间，已经有很多个拥有几百年历史的村庄从这个世界消失。而依旧存在的村庄，也都已经不是旧日的面貌。

1924年，有一位名叫青木正儿的日本学者来到中国。时当中华民国成立刚十几年，社会上新文化运动狂飙突进，正是传统中国社会风俗日渐磨灭的年代。这位研究中国古代戏曲小说的学者走遍中国大江南北，像中国老百姓一样赶早市、逛戏园、进茶馆，漫步北京大小胡同，他发现中国依旧保留有许多古老的风俗。有感于中国社会变化之迅速，他列纲目，选对象，请画师，想为后世留下一部《中国风俗志》，可惜后来由于财力不足，只请中国画师刘延年画下了一百余幅描绘北京风俗的彩图。后有内田道夫教授博采众书，为这些图做了解说，这就是日本平凡社出版的《北京民俗图谱》。二十世纪六十年代老舍睹图，惊叹书中所画许多风俗已不可见。今天的中国，依然行驶在一条迅疾发展的高速路上，城市的扩张、生活空间的巨变，使许多旧日风俗变化甚至消失得无处追寻。风俗承载着我们成长的记忆，但遗憾的是，这些记忆在一天天地消失。时移世迁，令人无限叹惋。有幸的是，我们生活中，有这样

总 序

一群学者,他们坚持着一笔一画地记录下了故乡点点滴滴的风俗;有这样一群画家,他们用画笔追寻乡土记忆,留下精彩纷呈的风俗图画;更有泰山出版社这样的"及时雨",把这两群人的力量汇聚到一起。群贤毕力,就是为给亲爱的读者们呈现这套《中国风俗图志》。

神州赤县,江山代有奇文出;彩墨华章,且留胜迹待追寻。相信假以数年,《中国风俗图志》中所记所画,一定会成为留给未来的宝贵精神文化财富。

是为序。

刘晓峰
中国民俗学会副会长
清华大学人文学院历史系教授
2019年12月12日 清华园

第三节 二月二龙抬头 116
第四节 清明节 118
第五节 端午节 119
第六节 中元节 121
第七节 中秋节 123
第八节 重阳节 126
第九节 十月一送寒衣 127

第五章 老北京的人生仪礼 129
第一节 诞生仪礼 129
第二节 结婚仪礼 137
第三节 丧葬仪礼 147

第六章 老北京的闲情与逸致 157
第一节 老北京的玩意儿 157
第二节 逛天桥与天桥「八大怪」 167
第三节 京味儿小吃 180
第四节 儿童的「玩意儿」 183

第七章 老北京的庙会与香会 187
第一节 北京庙会流变 187
第二节 老北京的「五大庙会」 191
第三节 酬神祈福的庙会 197
第四节 妙峰山庙会与老北京的香会 207

目录

第一章 北京的人文变迁史 ... 1
第一节 北京城的历史沿革与风俗流变 3
第二节 北京民俗文化的特征 11

第二章 老北京人的生活空间 ... 15
第一节 「四九城」 19
第二节 胡同春秋 33
第三节 胡同里的「故乡」——会馆 43
第四节 四合院与大杂院 45

第三章 老北京的商市与五行八作 ... 55
第一节 京城的商市 55
第二节 老北京的商市习俗 67
第三节 京城老字号 75
第四节 老北京的「五行八作」 85

第四章 老北京的岁时与节庆 ... 97
第一节 年禧 97
第二节 元宵节 113

目录

第八章 传说中的北京 217

第一节 北京建城的传说 217

第二节 北京胡同的传说 223

第三节 北京庙宇的传说 226

第四节 京城老字号的传说 229

第五节 北京工艺、物产的传说 233

参考文献 236

后记 238

图 录

图 录

京华风情图卷（局部）

第一章 北京的人文变迁史

北京地处中国北部，东与天津毗连，其余均与河北相邻，中心位置位于东经116°20′、北纬39°56′。北京城位于华北平原北端向西北方向延伸的小平原上，三面环山，其东北与松辽平原毗邻，东南面对渤海，西为太行山麓，北与燕山相连接，再北为内蒙古高原。北京的气候为半湿润、半干燥大陆性季风气候，日照充足，夏季高温多雨，冬季寒冷干燥，春、秋时间短。

今天北京所在的地区，是古时由自西北方向流向东南方向的一条大河（即今永定河）冲积而成的。太行山自华北平原绵延至此，与东南面的燕山山脉相连接。这样就形成了北京地区西、北、东三面环山，中间平原，东南开敞面向渤海的地理特征，宛如一个海湾，因而被形

京华风情图卷（局部）

象地称为"北京湾"。①北京湾向北深入到居庸关、怀柔、密云，再往北就是传统上农耕文明和游牧文明的分界线。在这一线之南，都是平原地区，被称为"北京小平原"；再往南，面对的就是辽阔的华北大平原。历史上北京的城市聚落不论如何变化，都是在这片北京小平原之上。以古永定河洪积冲积扇为主的北京小平原，在其低洼之处，地下水溢出来，从而积水成湖，使得这里水系交错、湖泊星罗棋布，为日后的城市聚落提供了水源。其西、北、东三面环山，虽然阻隔了南北，但山间延绵的谷地形成了几条山道，为南北的交通提供了便利，成为古代南北方交往的主要行经路线。这几条大道汇集的交点就是古永定河的渡口，此渡口是南北方交往的枢纽之地，也是最初形成城市聚落之地。山地、平原、河流、湖泊、道路、古永定河渡口，构成了北京城市聚落形成的地理基础。②今日北京城市的地理格局也以此为基础。

第一节 北京城的历史沿革与风俗流变

一、蓟燕时期

在已有的关于北京城市历史的研究中，较为普遍的看法是，北京地区最早的城市聚落为西周时期在此分封的诸侯国蓟的国都蓟城。《史记·周本纪》记载："武王追思先圣王，乃褒封……帝尧之后于蓟……"③蓟是北京城最早的前身和最早的名称。迄今为止，我们所知道的北京地区城市发展的历史由此开启。④"蓟之中心在今宣武区（今属西城区）"，"其中心位置在今宣武区广安门内外"。⑤此后自春秋战国，历东汉、北魏至唐代，蓟城城址并无变化。北京城在蓟城基础上沿革，北京地区的城市聚落生活也大致可以追溯于此。

周武王在分封蓟国之后，在蓟城之南又分封召公于燕。其后，蓟国衰微，燕国日盛，蓟国最终为燕所并，燕国迁都于蓟，自此蓟城又成为燕国的都城，作为北京地区的中心，不断发展壮大，历经西周，直至春秋战国时期。

京华风情图卷（局部）

二、秦汉隋唐时期

秦国统一六国后，将全国分为四十多个郡，蓟城为广阳郡郡治，是这一地区的中心城市。西汉时期，实行郡国并行制度，蓟城所在的行政区划，性质不定，郡国屡变化。但蓟城始终为封国的国都，可见其地位之重要。西汉之时，北京地区经济有了较大发展，既有"渔盐枣栗之饶"，又有冶铁之利。东汉时，北京地区属于幽州，蓟城作为北方重镇，常为刺史或州牧驻地。魏晋时期，北京地区仍属幽州，并得到进一步开发，蓟城北邻乌桓、鲜卑，是幽州地区的军事中心。

隋代，北京地区分属涿郡、安乐郡、渔阳郡。蓟城为涿群治所，是北方重镇。唐代，北京地区属于河北道，下置幽州、檀州，幽州治蓟。唐代城市的基本单位是坊、里，幽州城中亦设坊、里。蓟城不仅是幽州的中心城市，也是各个时期总管府、大总管府、都督府和大都督府的驻节地。幽州城政治地位的上升、城市职能的扩展，很大程度上是因为这里邻近北方游牧民族，是军事驻防的重镇。总之，自秦汉到唐朝，蓟城作为华北平原北部的一个门户，对于中原王朝的东北方具有举足轻重的作用。在这一背景下，蓟城作为中国北部的都会，显示了其经济文化都会的功能，是各民族经济文化交流的重要场所，汉族和少数民族的风俗也自然多有交流，并相互影响。各族人口的杂居，使得蓟城的风俗习惯与中原多有差异，居民的性格、观念意识也与中原有所不同。

三、辽金元时期

到了五代，北京城的历史发生巨变，后唐石敬瑭将包括蓟城在内的"幽云十六州"割让于契丹。936年，契丹将蓟城设为陪都，号称南京，又称燕京，是为五京之一。自此以后，北京从一个华北平原的北方门户，逐步发展成为全国最大的行政中心。契丹在得到"幽云十六州"后，改国号为辽。作为陪都的南京，人口稠密，物产丰富，市井繁华，文化繁荣，教育、科举制度完备，成为辽在华北的统治中心。南京城在唐代幽州城旧址上建立起来，被划分为二十六坊，城区北部为商贸中心，汇集海陆百货。宋辽"澶渊之盟"后，南京城又因宋辽贸易而繁荣。辽统治者崇尚佛教，大兴佛寺，南京城及其周围遍布佛寺，一些寺庙存留至今。

1125年，新兴的女真人，迅速攻灭辽国，占领了南京城。1153年，金王朝把国都迁到南京，不久改称中都。金在原南京城的基础上大规模扩建国都，皇城也在辽皇城基础上扩建。金在今天北京市地区建立大兴府，府治在中都城，分为大兴、宛平两县分治。在辽代，南京只是辽王朝的陪都，为五京之一；到了金代，中都已经一跃为国都，这给城市生活带来了巨大的影响和变化，中都城成为整个金朝的政治、经济、文化中心。中都城作为金朝中枢所在，汇聚了皇室贵族、文武百官；作为文化中心，应试科考的士人也汇集于此。服务于上述人群的工商业迅速发展，休闲、娱乐、曲艺也繁盛一时，商人、工匠、伶人、雇工、僧道都聚集于此。金中都城城市功能的演变，为其后继续发展成为大一统国家的政治、文化中心奠定了基础。

辽之南京城、金之中都城，都是各民族聚居的城市。辽代以前，汉族的风俗自然在此流

京华风情图卷（局部）

行；而契丹、女真成为统治民族后，城市的风俗有了很大变化。一方面是契丹、女真习俗的引入，如：南京城中汉族男子服饰多效契丹人，中都城中男子则多着女真服饰；契丹、女真的射箭、射柳、角抵、击球等游戏也带到了这里。另一方面，辽、金统治者仿效中原王朝的"制礼作乐"的手法，倡导礼治。这种仪礼性的习俗首先表现在岁时习俗上。汉族传统节日如五月初五、七月十五、九月重九日等，也在契丹人、女真人中流行，在节俗上虽有差异，但也多有交融。如南京"五月重五日，午时，采艾叶和绵着衣……以五彩丝为索缠臂，谓之'合欢结'，又以彩丝宛转为人形簪之，谓之'长命缕'"。其次，则表现在人生仪礼上，伴随着与汉族通婚人数的增多，汉族的媒聘彩礼之类的习俗也为契丹、女真所接受；丧葬仪礼上，契丹、女真也效仿汉族丧仪，讲究排场，讲究制作明器，汉族的丧俗流行开来。

12世纪末13世纪初，蒙古勃兴于蒙古高原。1215年蒙古攻陷金中都城，金被迫迁都开封，中都城到处是残破的景象。此后四十多年忽必烈建立元朝，并在原金中都城的东北郊外营建都城，将新都定名为"大都"，蒙古人称之为"汗八里"，意为"大汗之城"。在南宋灭亡以后，大都又成为全国的统治中心，北京也第一次成为大一统王朝的统治中心。受其影响，这一统治中心的地位又延及此后的明清两代，直至今日仍然是全国的中心之地。

新建的大都城规模宏大，由大内、皇城、大城（外城）构成，有一条明显的南北中轴线。大都城市结构的特色在于，在兴建大都时没有修建高大的坊墙，街道、胡同开始成为最基本的单位，有所谓"三百八十四火巷，二十九胡通"之说，一些胡同名称一直延续至

今。这种开放式的城市结构,直接促进了大都商业的发展。皇城北面的钟楼和鼓楼一带是大都的中心,以此为中心,各种商业市场遍布,成为全城最大的商业区。作为大都交通孔道的各城门,如顺承门、平则门(今阜成门)、丽正门、文明门附近,也遍布猪市、鱼市、果子市、菜市……繁华一时。更为重要的是,元朝开凿了通惠河,使得大都通过运河与通州连通起来,城内积水潭成为码头,沿岸一带形成了繁华商业区,全国各地的粮食货物可以源源不绝输送到大都。

蒙古定鼎大都后,带来了蒙古族的生活习俗,其饮食、服饰悉如草原生活,变化不大。蒙古族将射猎的习俗也带到了大都。大都居住的众多汉族百姓的习俗沿袭了农耕文化的传统。元旦(即今天的春节)、元宵、端午、中秋等岁时节令沿袭如故。此外,许多宗教节日也为人们所重视,如佛诞节、腊八节。正月十九日燕九节,传为丘处机诞辰日,是日大都百姓云集白云观,拈香敬拜,祈福消灾。位于齐化门(今朝阳门)外的正一派宫观东岳庙也兴建于元代,每逢东岳大帝诞辰,香客汇集,形成庙会。

四、明清时期

1368年,明军攻下元大都城,明太祖朱元璋改大都路为北平府,其后作为燕王朱棣封地。"靖难之役"后,朱棣夺得皇位,把北平改为北京,设顺天府,并开始重新营造北京城。

京华风情图卷（局部）

永乐十九年（1421）正月初一正式迁都北京。从这天起，北京又再次成为我国大一统王朝的国都。

明初改建大都城，缩减了居民稀少的城北区域，在大都北墙以南五里一线，另建北墙，即今日德胜门、安定门一线；又将南城拓展二里，新建南城墙，即今日崇文门、正阳门、宣武门一线。四面城墙之内，就是现在所说的内城。嘉靖四十三年（1564），终于筑成了外罗城，即外城。至此，北京城呈现出"凸"字形的结构，所谓老北京城市生活空间即大致在此范围内。作为汉族统一王朝的明朝，从全国各地，特别是从江南地区迁移了大批民众到北京定居，这也就带来了许多江南地区的风俗。

1644年，清军入关，攻占北京城，并定都于此，北京亦称为京师顺天府。北京城的城市格局再次发生改变。顺治五年（1648），北京城实行旗、民分城制度，将京师城内行政区划分为满城（北城）和汉城（南城），将汉族、回族等居民悉数迁出内城，到外城居住。内城实行八旗分区驻防，各旗内满、蒙、汉军分别在各自划定的居址区域内，不相混淆。同时规定，汉人可入内城，但不得夜宿。清朝在内城添建了大量王府和黄教的寺庙。外城宣武门一带，聚集了大量的官僚士绅的住宅，以及各地的会馆，形成了"宣南文化"。由于内城的禁商政策，前门大栅栏一带老字号林立，成为北京商业最为集中的繁华之地。而大量服务于北京城市生活的五行八作的人员以及贫民也聚居于南城。这一制度，对于清代北京的城市格局和市民生活产生了深远的影响。直到清朝中叶，旗、民分城居住制度才逐渐松弛。由于清代八旗子

弟占据内城,遂使满族风俗成为北京地区的一种时尚风俗,深深地影响了北京市民的日常生活。直至今日,满族的风俗仍然浸润在老北京的民俗文化中,成为"京味民俗"的重要来源。

而到了清末至民国初年,北京城市结构发生了巨变,由于清王朝走向衰亡,近代工商业和交通运输业得到发展,北京内城以皇城、紫禁城为中心的"分列八旗,拱卫皇居",禁止经商、生产,以维护皇权为中心的封闭的城市格局被逐渐打破。同时,鸦片战争后,西方列强纷纷进入北京,欧风美雨也吹进了古老的北京城,成为当时的时尚风俗,渐渐地改变着人们古老的习俗惯制。

五、民国时期

1911年辛亥革命爆发,并最终摧毁了清王朝。1912年2月12日,清帝逊位,从而结束了北京作为帝都的历史。1912年3月10日,袁世凯在北京宣誓就任大总统,北京成为中华民国首都。此后,北洋军阀各派轮流掌握政权达十七年之久。在此期间,北京为治所的行政建制,既有中央政府,又有地方政府。地方政府是顺天府,不久改为京兆特别行政区。1928年,国民党组建的南京国民政府取代了北洋军阀控制的北京政府,改北京为北平,成立北平特别市,北京失去首都地位。民国时期,北京(平)城市格局的变化复杂而显著。民国初年,清王朝的崩溃,使得旗人失去了"铁杆庄稼",内城的许多王府宅第也迅速衰败,紫禁城、"三山

京华风情图卷(局部)

五园"等原皇家园林逐渐向市民开放,清代以来形成的城市格局被彻底打破,帝都北京的城市面貌发生了根本性的变化。其后,北京丧失首都地位,城市的功能、定位也发生了明显的变化。与此同时,旧的礼俗虽然存在惯性,但在民国时期剧烈的社会变动的冲击下,民俗文化呈现出急剧的变异性。

1949年1月1日,中国人民解放军北平市军事管制委员会和北平市人民民主政府成立。2月3日,解放军进入北平。9月,第一届中国人民政治协商会议在北平隆重举行,宣布以北平为首都,改名北京,自此,北京成为中华人民共和国的首都。

第二节 北京民俗文化的特征

一个城市民俗文化的形成,既与其特定的地理区位有关,又与城市的格局、功能、定位密不可分,更与城市中市民群体的结构息息相关。从上述的叙述中,我们可以发现:(一)北京的民俗文化的特征与其特殊的地理区位有关。由于它处在华北平原的北端,是农耕文明与游牧文明交汇碰撞的地方,因而其民俗文化总是展现出不同民族文化的交融。(二)从北京的历史沿革来看,北京从北方的军事重镇,到北方统治中心,再到全国统治中心,其功能、定位的变化,导致了城市生活的变异。而更为具体的城市格局的改变,塑造了城市内部不同人群各具特色的生活样态。(三)承载民俗文化的主体是人,当北京城市居民的构成发生变化时,北京的民俗文化的变迁直接而显著。如清代旗人占据北京内城时,老北京的民俗文化深受旗人文化传统的影响。基于以上的分析,我们将北京民俗文化的特征概括如下:

一、突出的流动性、包容性特征

北京民俗文化具有突出的流动性和包容性特征。流动性特征在于北京作为都城,人口有着极强的流动性。都城的人口流动远高于一般的省城、府城,其中有官员的流动、士子求学赶考的流动、工匠的流动、商人的流动、军队的流动、艺人的流动、僧道方士的流动、外国人的流动、流民的流动等。"都城之中,京兆之民十得一二,营卫之兵十得四五,四方之民十得六七。"⑥随着流动人口大量汇集北京城,各地的民俗文化也往往成为北京生活方式的组成部分,从而形成了既多元也相互包容的特征。比较典型的是遍布北京城的会馆,既驻扎于京城,又将家乡的文化带到了北京,著名的"四大徽班"进京最初落脚的地方就是徽州会馆,并由此走入京城,最终与昆曲、秦腔等剧种结合,形成了京剧。

北京民俗文化有以前门大栅栏为代表的老字号商业民俗文化,有以天桥为代表的市井文化,有以会馆为代表的地方文化,还有以士人举子为代表的士人文化。俗语"穷人逛天桥,富

人逛大栅栏"，说的就是北京不同阶层消费文化并存的状况。北京的宗教民俗文化也呈现出包容的特征，历代帝王庙、孔庙、都城隍庙、火神庙、药王庙……虽然供奉神灵不一，政治等级不一，功能不一，但这并不妨碍人们的祭祀活动的进行；而全真派白云观的燕九节、正一派的东岳庙庙会、五显财神庙借元宝、雍和宫喇嘛的"打鬼"等习俗，都令老北京香客、游人纷至沓来。

二、多种文化的交流、互渗性

尽管北京的各类文化各具特色，但是它们往往交流频繁，甚至相互渗透。最为显著的是北京汇集了不同的民族文化，汉族、满族、回族、蒙古族等各族文化都能够在北京汇聚、交融。尤其是满族入关后，满族文化深深地影响了北京的民俗文化。老北京的语言特色、饮食、婚丧嫁娶、娱乐休闲等各方面都与满族文化交织在一起。北京的民俗文化也极易受到宫廷文化、士人文化的影响。北京民间盛行的提笼架鸟、养秋虫、斗蛐蛐、荏冰（冬季在河上溜冰）等娱乐活动也都是对明清宫廷贵族行为的效仿；北京的艾窝窝、豌豆黄等民间小吃，最初也来自宫廷。北京的香会在其等级上除了区分为满百年的"老会"和不满百年的"圣会"外，还出现了由于慈禧太后看过而被称为"皇会"的香会。一些老字号也总是标榜自己的货物是进贡皇宫的御品，或是匾额由皇帝、高官、名士所题。宫廷文化也受到民俗文化的影响，饮食上除了民间效仿宫廷，宫廷也引入民间小吃，如豆汁儿、小窝头等。至于民间的香会、杂耍、曲艺，也多次登上宫廷的舞台表演。因而，社会各阶层的文化多有交流。

三、鲜明的商业性、行业性特征

老北京民俗文化主体是都市民俗文化。北京都市民俗一部分来源于农耕文明，如岁时节日习俗；但更多的则是产生于城市生活当中，表现为各种商业习俗、手工业民俗及工业民俗。北京都市民俗文化的主体是市民，而非乡民，他们以服务城市生活的行业为主要生计方式。北京是消费性城市，街巷胡同普通人家的衣食住行、婚丧嫁娶，也都离不开商品、服务的交易。因而老北京的生产、生活习俗都具有强烈的商业性。源于农耕生活节律的岁时节日，如八月节的兔儿爷、除夕夜"踩岁"用的芝麻秸也都需要去购买。婚丧嫁娶也都离不开棚铺，如需要雇佣棚匠搭棚。商家店铺则流传"送信的腊八粥，要命的关东糖，救命的煮饽饽"一说，岁时节点也与商业行为联结在一起。都市民俗的另外一个鲜明特征，就是娱乐性强。一方面北京有大量时间充裕的有闲阶层；另一方面又有一部分人以曲艺、说唱、什样杂耍来娱乐他人为生计手段，如天桥的把式和八大怪。

四、变异性与稳定性的统一

北京民俗文化具有快速的变异性。伴随着社会的变迁，尤其是剧烈的社会转型，北京的民俗文化也随之急剧变化。北京长期以来作为京城，王朝、政权的更迭，以及中央制度、政策的调整，都会快速直接地带来民俗文化的变异。明军攻入大都，后定都北京，从全国迁移大量人口，直接带来都城民俗文化的重新混杂、交融。清代，实行旗民分治制度、内城禁商政策直接导致内城商业、庙会的衰落。清代末期，老北京的传统礼俗系统也面临巨大冲击。北京处于中央政权直接影响的地区，民俗文化总是快速伴随时代的变迁而发生相应的变化，呈现出相应的时代性。

除快速的变异性，北京的民俗文化仍然保持着一定的稳定性，并形成了特色鲜明的老北京民俗文化模式，其岁时节日、人生仪礼、休闲娱乐、生计方式、口头传统仍然保持着浓郁的地方特色，京味儿十足。

注 释

①参见侯仁之主编：《北京城市历史地理》，北京燕山出版社，2000，第1页。
②参见尹钧科主编：《北京城市发展史》，北京出版社，2016，第6—7页。
③司马迁：《史记》卷四，中华书局标定本，第127页。
④参见尹钧科主编：《北京城市发展史》，北京出版社，2016，第23页。
⑤参见侯仁之《北京建城记》碑文，收录于尹钧科：《侯仁之讲北京》，北京出版社，2005，第26页。
⑥朱彝尊：《天府广记序》，见《天府广记》，北京古籍出版社，1982，第1页。

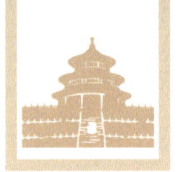

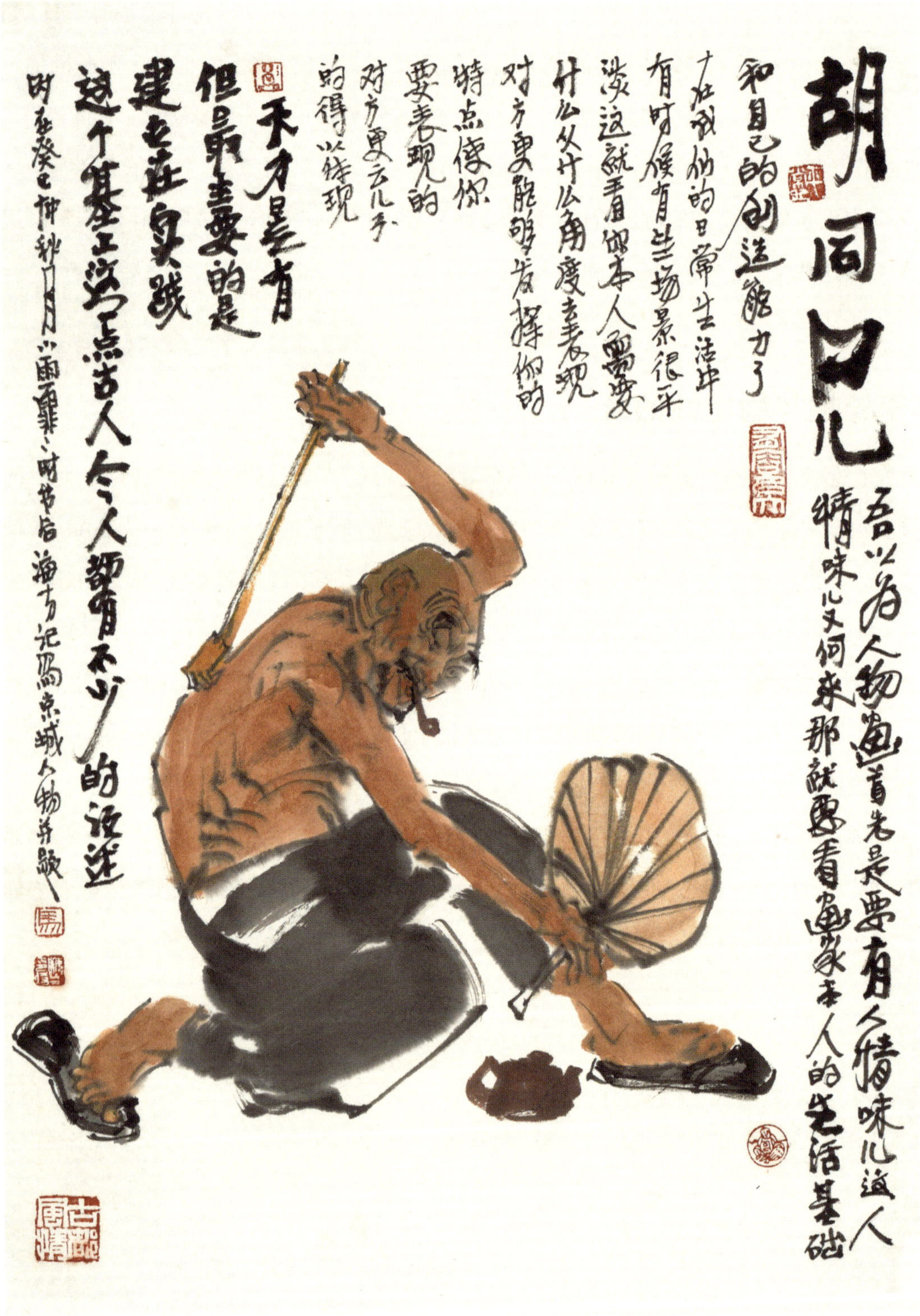
胡同口儿
吾以为人物画首先是要有人情味儿这人
情味儿又何来那就要看画家本人的生活基础
和自己的创造能力了
天才是有
但最主要的是
建立在实践

胡同口儿

第二章 老北京人的生活空间

北京城、上海滩、天津卫……每座城市的人们在描述其所在的生活空间时，都有其特有的称谓，这称谓中往往就有一个词，甚至一个字，就刻画出城市的"神"。老北京人的北京是一座城，一座被城墙围起、以城门沟通四方的城，而传统意义上的老北京人大致就是居住在这曾经恢宏壮阔的城墙之内的人们。

北京城作为老北京人最主要的生活空间，范围广阔，但老北京人用相沿成习的俗语，就简洁而鲜明地勾勒出北京人的生活空间——"内九外七皇城四，九门八点一口钟""东单西四鼓楼前，五坛八庙颐和园"。城墙之内是纵横交错、多如牛毛的胡同。这些历经沧桑的胡同，既见证了北京作为政治中心的风云变化，也是"老北京"生于斯、长于斯的家园。胡同里大大小小的四合院、大杂院记载了老北京人普普通通的日常生活，散发着特有的京味儿。

胡同口儿里乐子多

皇城根儿下

第一节 "四九城"

一、"内九外七皇城四，九门八点一口钟"

老北京人经常以"四九城"指代北京城。所谓"四九城"实际上就是以北京城的城门来指代北京城本身。北京有这样的一句俗语，"内九外七皇城四，九门八点一口钟"，是对北京城的"城"与主要城门的概括。

1. "内九外七皇城四"

"内"指的是内城。明洪武元年（1368），明军攻取大都后，在元大都城的基础上，向南五里另筑新墙，并修建九座城楼。这就是北京内城。内城的九座城门，就是俗语中所说的"内九"，是为东边的东直门、朝阳门，西边的西直门和阜成门，北边的德胜门、安定门，南边的崇文门、正阳门和宣武门。

九门功能各不相同，因而北京人又给起了不同的别称，具有某种特定的含义和象征。正阳门俗称前门，为内城城门之首，过去只有皇帝才能通过。阜成门称为"梅门"，过去，京城所用煤炭从京西经此门运入，"煤"与"梅"同音，故而称为"梅门"。在其瓮城门洞内刻有梅花一束，以象征煤。阜成门为元代平则门改建，因此一些老北京人至今仍称其为平则门。西直门被称为"水门"，西直门昼夜不关，因为皇宫所用的水要从西门玉泉山用车马经此门运入。东直门被称为"砖瓦门"，因京城所用的青砖多由此门而入。朝阳门被称为"粮门"，是粮食经大运河进京城的门。元代该门为齐化门，老北京人也沿袭称该门为齐化门。崇文门被称为"税门"，因为明清时在崇文门设立了税务司，管理前三门市场税收。又因该门是皇城运酒的通道，又被称为"酒门"。元代崇文门俗称"哈德门"，因而老北京人也常将该门称为"哈德门"。宣武门被称为"刑门"，清代死刑犯经此门被押至菜市口行刑。德胜门又名"出兵门"，为出兵征战之门，预示能旗开得胜。安定门又名"进兵门"，明清时出征军马班师回京必经此门。

皇城根儿下

皇城根儿下乐子多(一)

"外"指的是外城。明朝建都北京后,蒙古骑兵仍然不时进犯,甚至迫近北京的城郊。嘉靖年间,滋扰尤甚,于是决定加筑外郭。由于财力所限,最后只修筑了南边的城墙,是为外城。这样北京城就总体上呈现出"凸"字形的格局了。外城修筑了七座城门,即永定门、左安门、右安门、广渠门、广安门、东便门、西便门,这即是所谓的"外七"。

在内城之中,便是皇城,皇城设置了四座城门,即东有东安门,南有天安门,西有西安门,北有地安门。这就是所谓的"皇城四"。宫城,即紫禁城在皇城内,是皇帝宫廷所在。

北京内外城门都是雄伟高大的建筑,成为街道命名的最好标志。直至今日,虽大多数城门已经被拆除了,但是城门的名称仍然是现代北京的重要坐标点,以城门或城墙(根)命名的街道名一直保存下来。城门成为北京人建立地方感的重要标志物。北京的许多儿歌,也以城门为坐标,叙述北京城的风物。

东直门挂着匾[①]

东直门,挂着匾,
隔壁儿就是俄罗斯馆;
俄罗斯馆,照电影儿,
隔壁儿就是四眼井儿;
四眼井儿,不打钟,
隔壁儿就是雍和宫;
雍和宫,有大殿,
隔壁儿就是国子监;
国子监,一关门,
隔壁儿就是安定门;
安定门,一甩手儿,
隔壁儿就是交道口儿;
交道口儿,跳三跳,
隔壁儿就是土地庙;
土地庙,求灵签,
隔壁儿就是大兴县;
大兴县,不问事,
隔壁儿就是隆福寺;
隆福寺,卖葫芦,

皇城根儿下乐子多（二）

隔壁儿就是四牌楼。
四牌楼南，四牌楼北，
四牌楼底下喝凉水；
喝凉水，怕人瞧，
隔壁儿就是康熙桥；
康熙桥，不白来，
隔壁儿就是钓鱼台；
钓鱼台，没有人，
隔壁儿就是齐化门；
齐化门，修铁路，
南行北走不绕道。

2."九门八点一口钟"

"九门八点一口钟"说的是北京内城八座城门（正阳门、宣武门、朝阳门、东直门、西直门、阜成门、安定门、德胜门），明清两代以打"点"来报时。所谓"点"是古代的一种打击乐器，为扁平的桃形铜器，悬在空中，通过打击发声，来告知人们时间。关城门前要敲三遍点，第一遍，关上一扇门；第二遍，再关上一扇；第三遍，两门合起只留一丝缝隙。上述八门都是打"点"报时，只有崇文门关城门时打钟，因而称为"九门八点一口钟"。可为什么呢？老北京流传着关于"九门八点一口钟"的传说。

北京流传着许多关于刘伯温与北京城的传说，"九门八点一口钟"的传说是刘伯温建城传说的一部分。传说，北京城所在的地方原是一片苦海，刘伯温在此镇压恶龙，营造了八臂哪吒城——北京城（详见其后章节《老北京的故事与传说》）。当修到崇文门的时候，城楼下正好有个海眼，海眼上面正好趴着一只巨大的老龟。正是这只巨龟压着海眼，北京城才成了陆地。于是，刘伯温趁老龟睡觉的时候，把城楼建在了龟背上，不让它翻身，这样北京城就不会再次成为汪洋泽国了。老龟醒来后，发现被城楼压住，很不开心，就问刘伯温为什么把它给压住。刘伯温只能哄骗它说："那是因为你的力气大，身上驮着城楼不算什么。"老龟又问："我什么时候能够翻身？"刘伯温说："只要你听到城楼上打'点'的声音，你就可以翻身不驮了。"老龟听后一想，每到关城门的时候就会打"点"，每天都可以翻身，也就答应刘伯温驮着城楼，一旦听到"点"声就翻身。见老龟答应，刘伯温马上命人把崇文门上的"点"换成了钟，

京城街头旧景图

关城门时只敲钟,不再打"点"。这样,这只老龟就只能一直驮下去了,北京城才不至于又成为苦海幽州。②

二、"东单西四鼓楼前,五坛八庙颐和园"

老北京人谈起北京城的标志,还有这句俗语:"东单西四鼓楼前,五坛八庙颐和园。"这大体上概括了北京城标志性的地点,前一句说的是北京的闹市,后一句说的是北京代表性的名胜。

"东单西四鼓楼前"指的是北京城最为繁华热闹的几个地方:东单、西四、鼓楼前。这是北京三大核心商业区。东单、西四皆因牌楼而得名。北京城东城西相对称的位置过去各有一座牌楼,即东单牌楼、西单牌楼,简称东单、西单。东单、西单北面的路口还分别有四座牌楼,称为东四牌楼和西四牌楼,简称东四、西四。

在元代,鼓楼前大街就因西濒积水潭而繁盛起来。当时,积水潭是大运河的终点码头,全国货物汇集大都之所。明清时期,东单、西四地区特殊的区位,也使得这两个地方成为繁华的商业区。当然北京繁华的地方不止这三个地方,前门外大街、大栅栏、王府井、地安门等地也是老北京商业繁华的地方。这些地方汇聚着老北京工商业的精华,在北京的商业格局中具有举足轻重的地位,成为北京城标志性所在。

"五坛八庙"指的是明清两朝皇室的祭祀场所,"五坛"即天坛、地坛、日坛、月坛、先农坛,"八庙"为太庙、奉先殿、传心殿、寿皇殿、雍和宫、堂子、文庙和历代帝王庙。"五坛八庙"是北京作为京城的重要标识。颐和园则是皇家园林"三山五园"的重要组成部分,也是能够凸显京城气派的标志性景观。民国以来,"五坛八庙""三山五园"大多向人们开放,许多地方也都成为北京人踏青游玩、中秋赏月、重阳登高的好去处。

三、城外关厢

关厢也是老北京人生活空间的组成部分。它介乎北京城与郊区之间,实为北京城外延、附属的部分。③关厢居民的生活既有北京城内的特征,又有些乡土气息。一些重要的关厢之

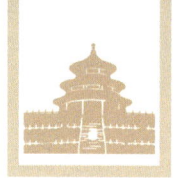

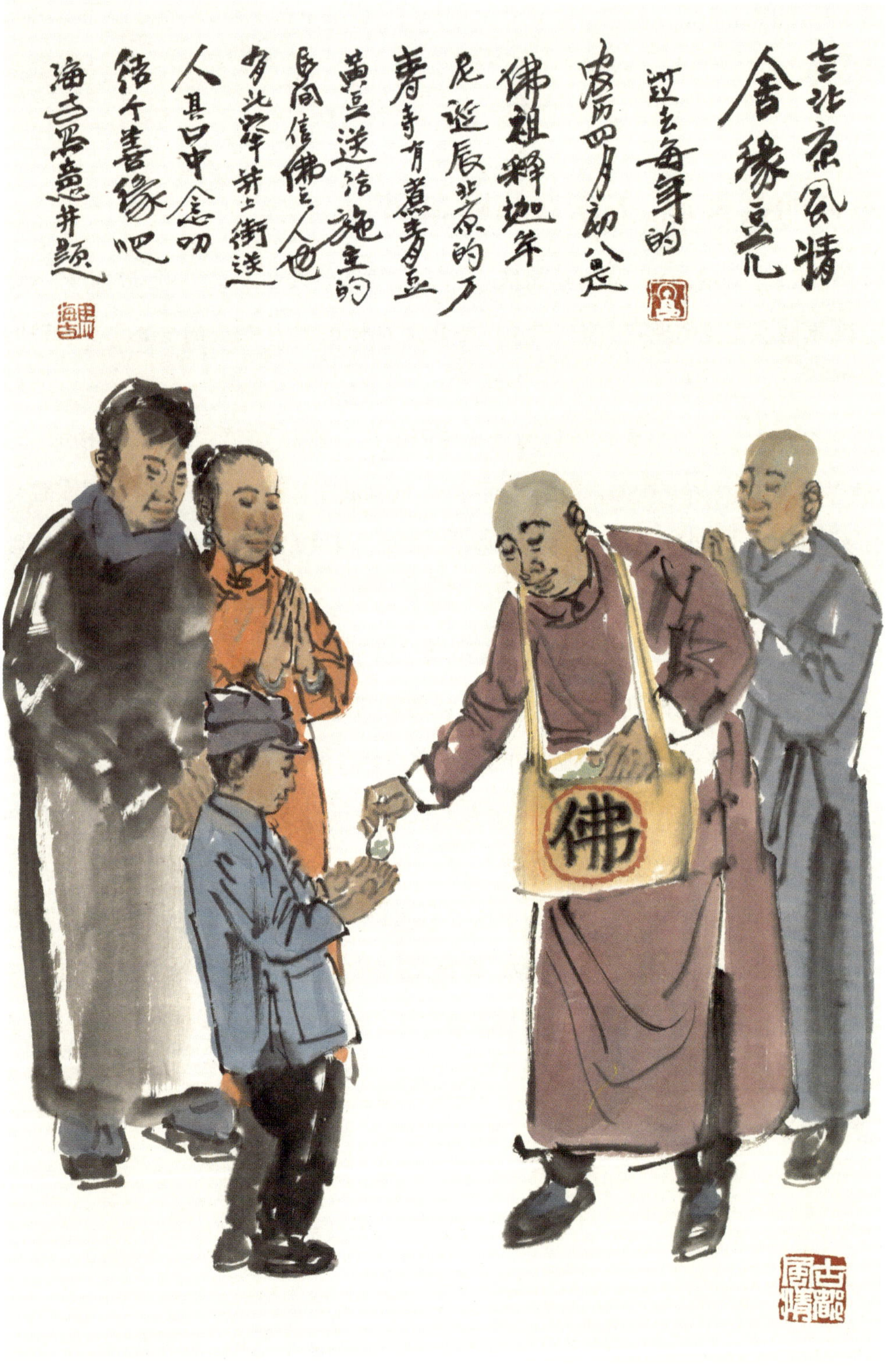
老北京风情
舍缘豆儿
过去每年的
农历四月初八是
佛祖释迦牟
尼诞辰北京的万
寿寺有煮青豆
黄豆送给施主的
民间信佛之人也
人其口中念叨
结个善缘吧
海古写意并题
佛

老北京风情：舍缘豆儿

地，与北京城内居民的民俗生活密切相关。尤其是朝阳门关厢的东岳庙、广安门关厢的五显财神庙，每到庙期，香客、香会汇聚，香火萦绕，热闹非凡。

老北京人把城门外附近一带称为关厢。《明史·食货志》载："在地曰坊，近城曰厢。"过去人们将城门称为"城关"，城门外大街及附近一带，就被称为"关厢"了。关厢是进出城的必经之地，因而城门外大街及附近一带往往商贸繁盛。老北京人常说的"前三门"，即前门、宣武门、崇文门外，也属于关厢，但这三个地方只是在内城城墙外，却仍然是在外城城墙内。而东直门、朝阳门、西直门、阜成门、德胜门、安定门外的这些关厢都在城墙以外了。关厢由居民和商铺构成，有的关厢居民多，店铺少；有的关厢则店铺多，居民少。一些处于交通要道的关厢，是为北京门户，往来车马络绎不绝，各行各业的商人争相开设店铺，繁华一时。

在北京没修铁路之前，北方进出北京主要走德胜门；南方各省陆路进入北京主要走广安门，水路则走朝阳门。因而，德胜门、广安门、朝阳门关厢周围店铺较多，工商业发达。其中，朝阳门关厢是最为繁华的关厢。它连接着明清时期进出北京的门户——通州，南方进京的官员、客商大多得通过大运河抵达通州，再由通州乘车马到达朝阳门。北京去往南方的人员，也大多得先到朝阳门，再去通州乘船。因而，朝阳门关厢成为各关厢中最为繁荣的地方。朝阳门关厢的兴盛，还与东岳庙庙会相关。东岳庙是朝阳门外的一座道教宫观，供奉东岳大帝。农历三月二十八相传为东岳大帝诞辰，此时庙会最为热闹，京城内外，人们扶老携幼纷纷前往东岳庙，上香的香客、助善的善会、表演的香会集齐，商贩们也争相汇聚于此。

双休日的早晨

双休日的早晨

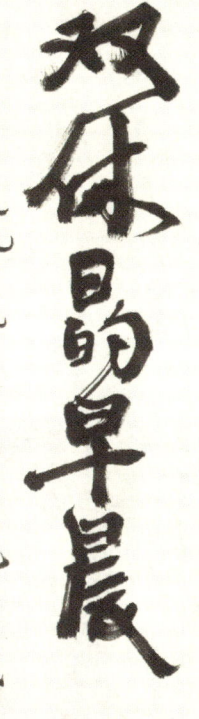

北京人玩儿是各有各的地方不拍早的他就甭往前凑，京城西南有陶然亭公园有戏迷角儿玩儿的去处，每天有不少戏迷来此过戏瘾玩儿的去处每天早晨招人老的少的看热闹我乐儿的真是京平南城的一景

每到双休日的时候也是这里最热闹的时刻京城爱凑热闹的北京人这时候就都街老老少少成群结队进入陶然亭拿着摄影机拍照也跟着我乐儿来了的带吸引人的一大特色

爱玩儿的京城少爷们谁不是个玩儿的行家有着各自的特点有爱玩儿的主眼的不顺就也就差一起凑别往不管是个也常说的北京人

这新鲜有的也根着凑热闹这也许就是南城文化所特有

中国风俗图志·北京卷

陶然亭记景

第二节 胡同春秋

一、何为胡同

北京人把街巷称为"胡同",这也的确是京味儿十足的称呼。"胡同"原写作"衚衕",元代杂剧中已出现"衚衕"一词,以指代街巷。至于胡同其本意究竟是什么,却至今众说纷纭。翁立先生在《北京的胡同》一书中,曾罗列数种说法。一种说法认为"胡同"一词来自蒙古语,意思多样,如意为"水井""居民聚落""比村大的部落"等;另一种说法认为"胡同"一词,由汉语"火弄""弄通"演变而来,宋代东京、杭州称街坊为"火弄"。此外还有其他更为繁复的说法,不一而足。④胡同本意虽然很难考究得清,但胡同的实质却是清晰的。明代营建北京城,四合院伴随北京城的兴建而形成。所谓四合院就是四面合围而成的院落,只有一面通往外界。这些大大小小的四合院一排排地连接起来,每排之间用来通风、采光的间隔地带就成了胡同。胡同,自然起到了通道的作用,只有通过胡同才能回到家中。因而,胡同就是"一排排四合院的通道,它是北京城居住形式的命脉,它连接起所有的院落而组成了规模宏大的北京城。换句话说,整座北京城就如同放大了的由胡同连着的四合院"。⑤

北京的胡同历史悠久,甚至比"北京"名称的历史还要久。最早可见的胡同名称自元朝就有了,并沿用到今天。元杂剧《沙门岛张生煮海》中,张羽问梅香:"你家住哪里?"梅香说:"我家住砖塔儿胡同。"砖塔儿胡同因胡同里有一座青砖古塔而得名。在今天北京的西四,砖塔儿胡同仍在,古塔也依然矗立在胡同中。

二、胡同知多少

说到北京有多少条胡同,这的确是很难说得清的。老北京人常说"大胡同三千六,小胡同赛牛毛",这句话足以说明北京城胡同之多。自明清以来,伴随社会变迁、北京城市格局的变化,胡同的数量也在不断变化。

陶然亭里戏迷多

明嘉靖三十九年（1560）张爵编写的《京师五城坊巷胡同集》中记载，"内城有九百多条，外城有三百多条"，当时北京城大概一共有一千二百多条胡同。到了清代光绪十一年（1885），朱一新编纂的《京师坊巷志稿》，列有胡同一千八百六十多条，其中内城一千三百多条，外城有五百多条。据解放初期统计，城区胡同共有四千一百多条。二十世纪末，经过普查，北京城内共有胡同三千零七十条。⑥

三、妙趣横生的胡同名

北京城胡同众多，胡同的名称也异彩纷呈。单就胡同名称及其变迁，也足以构成妙趣横生的民俗现象。

在日常生活中，胡同的名字不仅仅是个地理位置的符号，而且与居住在此地的人密切相关。北京人直爽、实在，给胡同起的名字大多直接顺口而来，过于雅致的胡同名字往往难以流传开来。宽的胡同叫"宽街"，窄的叫"夹道"，斜的叫"斜街"，方的叫"棋盘街"。

具体的胡同名，最常见的应该是直接以人名命名的胡同。如文丞相胡同，得名于文天祥曾在此被拘禁；石大人胡同，得名于明代大将军石亨；李阁老胡同，得名于明朝的文渊阁大学士李东阳。类似以爵位官职为名的，还有武定侯胡同、永康侯胡同、建平伯胡同、定国公胡同、王大人胡同、马大人胡同等。还有一些以皇亲国戚命名的，什么张皇亲胡同、石驸马胡同、王驸马胡同等。还有一些以姓氏命名的胡同，史家胡同、方家胡同、施家胡同、周家大院等。如果胡同里住着平民百姓、小商小贩，也可以拿来作为胡同名。胡同里有卖锥子的赵姓人家，就叫赵锥子胡同；有卖萝卜的姓苏的人家，就叫苏萝卜胡同。类似的还有灯草王家胡同、唐刀胡同、王皮胡同、孔砂锅胡同，等等。还有些胡同就更简单直接了，什么张秃子胡同、王寡妇斜街、焦狗头胡同、吴老儿胡同……

除了以人命名的胡同外，还有很多胡同以显眼的标志物来命名。如娘娘庙胡同、报恩寺胡同、前后圆恩寺胡同等，就是以寺庙命名的胡同。胡同里有官署衙门，官家的工厂、仓库，集市的，也可拿来命名。如东厂胡同、军机处胡同、贡院头条、国子监街、北兵马司胡同，一看名称就知道这条胡同曾经有什么官署衙门了。琉璃厂、神木厂、黑窑厂、打磨厂、草厂胡同，这些胡同过去都是官家的工厂。西什库、禄米仓、缎库、北库司胡同，则为过去官家的仓库。

中国风俗图志·北京卷

童戏图

马市胡同、驴市胡同、骡马市胡同、猪市胡同、花儿市胡同、灯市口胡同、缸瓦市胡同,甚至还曾有人市(过去买卖人口的市场)胡同,这些胡同名称得于这里曾经存在的专门市场。

胡同里有口井,就直接叫水井胡同、井儿胡同;水井的位置、数量、特征皆可作为名字,如前、后井胡同,二眼井、三眼井、四眼井胡同,大、小井胡同,甜水井、苦水井胡同,琉璃井胡同,金井胡同等。胡同口若有牌楼、栅栏,就直接叫东四牌楼、西四牌楼、大栅栏、双栅栏、三道栅栏胡同。在河边、桥边,就起名三里河、西河沿、东河沿胡同,板桥、甘石桥、虎坊桥胡同。如果实在没有什么惹眼的标志物,就拿树木来命名也可以。胡同里有柳树的,就可以叫柳树胡同;有枣树的就叫枣树胡同,枣子种得多的就叫枣林胡同、枣林前街;种槐树的,就叫槐树胡同;种椿树的,就叫椿树胡同。

有些胡同,干脆以胡同本身的形状来命名。拐弯多的,就叫八道弯、九道弯、弓字形、钻辘把胡同。胡同口儿小,往里走越来越大,那就叫焖罐儿胡同、茄子胡同。胡同细长细长的,就叫笔杆胡同、鞭子胡同、豆芽菜胡同;细长且有点弯曲的,就叫狗尾巴胡同。胡同呈弯曲状的,就叫月牙胡同、弓背胡同。还有更形象的,如果胡同一头细长,一头宽,就叫烟袋胡同、挖耳勺胡同、小喇叭胡同。如果胡同太短,就叫一溜儿胡同、一跑儿胡同。长方形的胡同,就叫盒子胡同、抽屉胡同。

为了便于区分胡同的方位、顺序,还可以在名字上加东南西北方位词和头条、二条、三条之类的数量词。如西红门胡同,南月牙胡同,北新胡同,廊坊头条、廊坊二条、廊坊三条、廊坊四条胡同。

还有些胡同名称,因为是北京人自己取的,往往京味儿十足,像鸦儿胡同、鹞儿胡同、菊儿胡同、雨儿胡同、盆儿胡同、帽儿胡同之类。一些胡同名称来自老北京的方言土语,什么嘎嘎胡同、口条胡同、马勺胡同、取灯儿胡同、背阴儿胡同。

有的胡同名称也不讲究什么标志物、形状、方位了,直接就叫什么屎壳郎胡同、裤裆胡同、大脚胡同、臭皮胡同、哑巴胡同、罗圈胡同、粪场胡同、驴屎胡同、母猪胡同、鬼门关胡同……⑦

当然,也有些胡同名,既直接又雅致,如新街口南的百花深处胡同、地安门大街的杏花天胡同。

以上,我们可以看到北京胡同的名称多半是信手拈来,但却妙趣横生。随着时间的推

中国风俗图志·北京卷

小院清趣图

移,北京的城市格局也在不断地发生变化,胡同的名称也在发生变化。最大的变化,莫过于很多胡同名字不断被雅化。如屎壳郎胡同被改名为"时刻亮胡同",臭皮胡同改成了"寿比胡同",粪场胡同改名为"奋章胡同",驴市街改名为"礼士胡同",狗尾巴胡同改名为"高义伯胡同",闷葫芦罐儿胡同改名为"蒙福禄胡同",东江米胡同改名为"东交民巷",大、小砂锅胡同改名为"大、小沙果胡同",裤裆胡同改名为"库藏胡同",牛血胡同改名为"留学胡同",哑巴胡同改名为"雅宝路",王寡妇斜街改名为"王广福斜街"……

四、胡同的附设物

北京的胡同,主要由四合院、三合院这类大大小小的院落组成,除此之外还有些附设物,如泰山石敢当、栅栏、牌楼、水窝子、厕所之类。

1.泰山石敢当

在许多胡同口,常常会发现镌刻有"泰山石敢当"五个字的长方形石牌。泰山石敢当是常见的镇宅物,胡同中一些宅院的墙根下也可见到。石敢当是我国民间传说的石神,据说是古代的大力士;泰山指的是泰山的主神东岳大帝;把泰山和石敢当放在一起,就是寄希望于用东岳大帝和石神的威力,保佑胡同和宅院的平安。过去,正月初十是老北京人祭石敢当的日子。

2.栅栏

我们现在看到的胡同都是敞开的,但是明清两代为了防盗和便于控制,就会在许多胡同口设置木制或者铁制的栅栏门。这些栅栏门,白天到固定时间开启,晚上到固定时间关闭。据有关资料记载,在清代乾隆年间,北京街巷胡同口的栅栏有1700余道。[⑧]以后,栅栏逐渐消失,但是许多胡同因栅栏而得名,如"双栅栏""三道栅栏"……这些胡同,显然就是过去胡同里有这样一些栅栏。最为出名的,就是前门外大街的"大栅栏",这条胡同就因胡同口处设有栅栏门而得名。有意思的是,北京绝大多数叫"栅栏"的胡同都按照字音本身发音,"大栅栏"则被北京人读作"大什腊"。

中国风俗图志·北京卷

找乐图

3.牌楼

牌楼是胡同中另外一种常见的设置。牌楼,又称为"牌坊",往往建在街市、名胜的要冲。北京的牌楼一般的建筑样式是"三门、四柱、七重楼",也就是三个门洞、四根立柱,三个门洞上有三个大的出檐门楼,四个立柱上面有四个出檐门楼,叫作"七重楼"。也有一门两柱的牌楼,叫单牌楼;四门五柱的牌楼,叫四牌楼。在北京最为有名的牌楼,莫过于东单牌楼、西单牌楼、东四牌楼、西四牌楼,这四个牌楼都位于街道的街心位置,后来简称为东单、西单、东四、西四,是老北京街市最为繁华的地方。随着北京城格局的变化,这些牌楼逐渐被拆除了,但是因牌楼而得名的街道、胡同名保存了下来。现在北京唯一保存完好的街巷古牌楼是"国子监街牌楼"。

4.水窝子

对于胡同来说,水窝子是非常重要的设置。水窝子是建在胡同里的水井旁的窝棚,那是为了看井,也是为一些大户人家挑水、送水的人住的地方。清代胡同里的水井为"官井",有兵营里的伙夫在此看管。清朝灭亡后,管理水井的人就成了"井主",在水井边搭上棚子,称为水窝子或井窝子。井主雇水夫送水,水夫推着独轮车,两边放上水柜,到了用水人家里,就用木桶挑入屋内。由于水夫多是山东人,老北京把水夫称为"老三哥""水三儿""三儿哥"(不取山东武大郎,也不取武松武二郎的名号,名为"三哥")。民国以来,直至20世纪60年代,随着自来水逐渐通入了胡同,水窝子大多被拆毁了。

5.厕所

老北京把厕所称为茅房或茅子。在四合院中,厕所一般设置在整个宅院的西南角。在胡同中,公共厕所相对较少。清代在皇城周围设置了一些公共厕所,民国时期数量开始增多。这些厕所中带顶的厕所是官厕,无顶的露天厕所大多是经营粪场的场主所建。露天的厕所,就是简单以砖头砌成半人高的矮墙,里面挖坑,掏粪工人们则背着粪桶拿着粪勺沿着街巷胡同掏粪。新中国成立以后,露天的厕所逐渐被改造成带顶的厕所,公厕的数量也多起来,粪车和粪桶则被新的清洁车取代。

京城街头爆米花图

第三节 胡同里的"故乡"——会馆

北京的胡同中，除了居民的住宅外，还遍布着大大小小的会馆，甚至一些胡同直接就用会馆作为胡同的名字，如福州馆前街、顺德馆夹道、武进馆夹道，等等。

会馆本身是一种同业同乡结成的团体。北京作为大都会，各地的商人、艺人、手工艺者聚集于此，很早就出现了因经济连接在一起的同乡工商会馆。永乐十三年（1415），明代科举会试地点由南京迁往新都北京，进一步促进了会馆在京城的发展。明清两代，北京作为政治、文化、经济的中心，来自全国各地的达官贵人、巨商大贾、科举考生、百工百业的人积聚于此，为了连接乡谊、加强照应，各类会馆在胡同中纷纷而起。清军入关后，满汉分城居住，禁止在内城兴建会馆，因而各地会馆改迁到外城。会馆最为集中的地方为邻近科考场所的前门外、宣武门外和崇文门外。会馆的规模不等，有的占据着十多个院落，有的只有一座小院。其类型大致有三种，一类是文人试馆，为赴京赶考的举子提供食宿。如湖广会馆，最初就是为了招待湖南、湖北进京参加会试的举人而设的。一类是工商会馆，是同乡商人在京集会办事的场所，也是在京同乡官员的聚会之地，如山西平定会馆、山东河东会馆。第三类是行业会馆，就是同行业的人员结成的行会，如梨园行的"梨园会馆"、玉器行的"长春会馆"、钱庄银号结成的"银号会馆"、棚行结成的"棚匠会馆"等。这些会馆，对于当时的人们来说，起到了连乡谊、结业缘的作用，给同乡同业的人在北京城提供了一些支撑。会馆成了许多人在北京落脚的第一站，成为其在京城的故乡。一些会馆还有"义园"，为在京去世不能返乡的同乡人提供暂时的埋葬之地，会馆也就成为一些人在京的最后一站；至于对连骨骸也迁不回故乡的人来说，会馆也就成了其最终归根的"家乡"。

与此同时，来自全国各地的人，也经由会馆，把各地的文化带到了北京，以至融进了北京的文化中，成为北京文化的一部分。最为典型的是京剧的形成。许多会馆建有戏楼，地方戏曲在京最初的演出场所往往就在会馆的戏楼中。四大徽班进京后最初的落脚之处也是在徽州会馆中，时有"凡是有徽州会馆的地方就有徽班"之说。在这里，徽商通过聚宴演剧加强

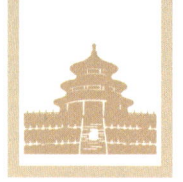

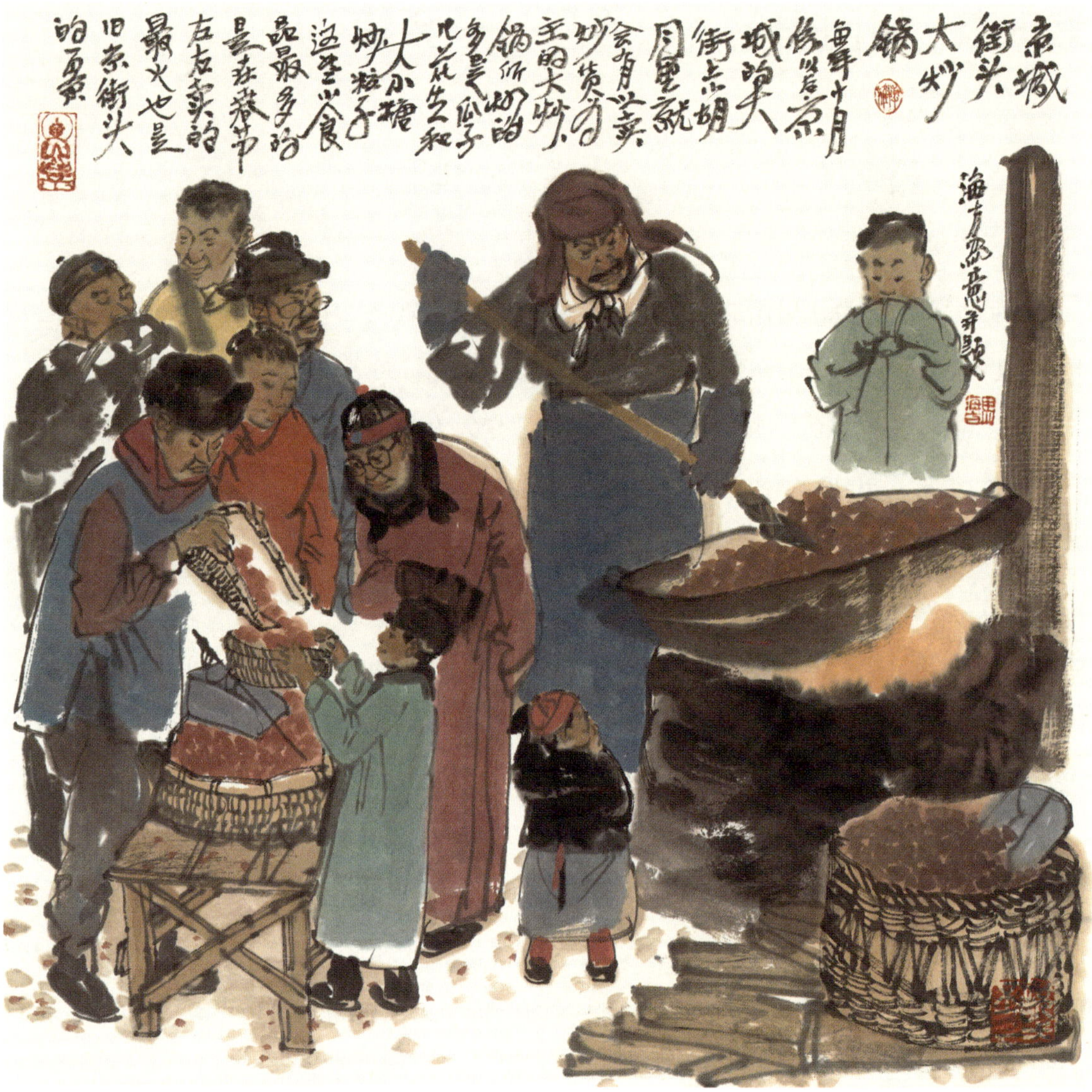
京城街头大炒锅
每年十月份以后京城街头大街小胡同里就会有卖炒货的主要的大炒锅所炒的多是瓜子花生和大小糖炒粒子这些食品最多的是春节左右卖的最火也是旧京街头

京城街头大炒锅

同乡的凝聚力，徽班也以此得以立足。最终徽戏、秦腔、汉调合流，并借鉴吸收昆曲、京腔之长而形成了一个全新剧种——"京剧"。

因此，北京的胡同并非是封闭的所在，它汇集、融合了全国各地的文化，最终又形成了独具特色的京味儿文化。清末民初以来，会馆日益没落，消散在市井之中，但是会馆及会馆的往事至今仍然是胡同中生活记忆的一部分，成为老北京人言说自己地方感的重要标志物。

第四节 四合院与大杂院

四合院，顾名思义就是四方房屋合围起来的院落。在北京的胡同中，这是最为普遍的居住样式。在我国北方，四合院也是常见的居住样式，但北京的四合院因其特殊的居住和建筑习俗，使其成为北京文化的重要标识；四合院里的日常生活也成为老北京人日常生活的集中反映。

一、四合院

老北京的四合院是由四面房屋合围而起的内院式住宅，一个院子称为一进四合院，合围成两个院子就是两进四合院，如此类推。王府之类的深宅大院，可多达七进、九进之多，除了主院外，两侧还有东西跨院。四合院的方位以坐北朝南最好，因而以北屋为正房，东西两侧为厢房，南边的房子被称为倒座房。北京的胡同东西走向居多，四合院就在胡同两侧建起。在胡同北侧的四合院就会把门开在东南角，在胡同南侧的四合院就会把门开在西北角。

京城街头烤白薯图

四合院四面都是墙壁，墙壁没有窗户，只有一扇大门与胡同相通，一家子的活动均在院墙之内。关起门来，四合院便构成了一个完整的家庭的封闭空间。在这个封闭的空间中，房屋的布局和家庭成员的安排有着严格的规定。标准的四合院，由前院、中院和后院组成。这三个小院又由倒座房、正房、垂花门、东西厢房、耳房、过道、走廊、后罩房等建筑组成。其中正房一定要高于侧房，一家之主居于正房，即住堂屋的右侧，兄弟子侄住在侧房或耳房。总体上，以北屋为尊，两厢房次之，杂屋为附，倒座房为宾。四合院房屋布局和家庭成员的安排，体现了长幼尊卑的伦理观念。四合院的正房、厢房之间一般又会有走廊沟通连接，既可作为通道供人行走；又可供人们在此休憩、小坐、交谈，观赏院内的景致。因而，四合院虽然关上门来就是个封闭的家居空间，但走廊的设置，又使得内部有交流的场所。

　　规整的四合院不仅有院落，还有些附件，如形式多样的门墩儿、影壁、垂花门等。

1.门墩儿

　　北京有首儿歌："小小子，坐门墩儿，哭着喊着要媳妇儿，要媳妇儿做什么，点灯、作伴儿，晚上睡不着得说话。"儿歌里的"门墩儿"指的就是四合院门口的抱鼓石和门枕。四合院的大门经常开闭，为了延长门的寿命，人们就会在门轴处设有门墩儿。有的门墩儿形状像鼓，称为"抱鼓石"；有的门墩儿形状是长方形的，称为"门枕"。夏天天热的时候，门口穿堂风吹过，往往比较凉快。老人们就会带着孩子在门墩儿旁乘凉，街坊四邻也会聚起来聊天、下棋。如今北京胡同里四合院夏季的傍晚仍然可以看到这样的场景。

2.影壁

　　影壁是标准四合院不可或缺的组成部分。当你进入一座四合院，跨入门内，首先映入眼帘的不是院落的景象，而是一面影壁。影壁的形制很多，最常见的就是在影壁上刷白，再写上"福"字之类的吉祥字。有的四合院主人会花心思，在影壁前摆上盆景、花木以作装饰。如果是大的宅第，好几进的四合院，还会在宅子外面，当街竖立影壁，称为"外影壁"。影壁的作用是遮挡视线，把家与外界隔离开来，保持四合院院落的封闭性。

3.垂花门

　　垂花门也是标准四合院的一个重要组成部分。与影壁的作用不同的是，影壁是把四合院与外界隔开，而垂花门是把外院和内宅分开。垂花门一般在外院北侧正中，与临街的倒座

京城街头卖雪花酪图

房中间相对。垂花门从外面看起来，像一个装饰华丽的门楼，四合院的主人往往会按照自己的品位装饰垂花门。垂花门之内就是内宅，之外就是外院。外院是接待客人的地方，内院则是家庭生活的地方。过去所说的"内外有别"，从四合院的设置上，就体现在垂花门的设计上。旧时所谓大家闺秀"大门不出，二门不迈"，"大门"指的就是四合院的宅门，"二门"指的就是垂花门。女眷在迎送来客的时候，也大多止于垂花门。

4.天棚、鱼缸、石榴树

老北京人概括四合院的生活，最常说的就是"天棚、鱼缸、石榴树，老爷、肥狗、胖丫头"，这生动地描述了老北京大户人家，至少是小康人家闲适的日常生活状态。"天棚、鱼缸、石榴树"是四合院中常见之物，在一些老北京人眼中甚至是必备之物。试想，一座四合院没了"天棚、鱼缸、石榴树"，它还是四合院吗？

天棚 北京的夏天，太阳直射，酷暑难当，搭天棚避暑是四合院人家的必然选择。天棚在这句俗语中处于第一位，可见天棚对于四合院的重要性。一般到了五月五端午以后，天气渐热，四合院人家便会与棚铺商量搭个凉棚过夏天。四合院凉棚棚顶要高于正屋屋檐四尺左右，这样不但遮阳，而且能透风。棚顶的芦席做成可以卷起来、展开来的样式，一拉绳子，或可挡住阳光、雨水，或可抬头静看夜晚繁星。凉棚还有项功能，就是挡住夏日的疾风、暴雨和冰雹，免得院里的花草、石榴树、金鱼遭殃。与天棚同样重要的消暑之物，就是冰桶了。夏天，四合院里搭着凉棚，屋内桌上放着大冰桶，呲呲冒着白气，顿时满屋凉意，暑热全消。当然，请棚匠搭棚、用冰桶消夏都是笔不菲的费用，过去只有大户人家才用得起。一般的人家，就在窗户上糊上层冷布，房门口挂上竹帘子，也能隔开暑热。再买块天然冰，冰上绿豆汤，也能清凉起来。

鱼缸 四合院院内，消遣娱乐的方式很多，养鸟、养鸽子、斗秋虫，各得其乐，但是最为雅致的莫过于养金鱼。四合院主人养鱼，一是观赏鱼儿在水草中游动，心旷神怡，陶冶情操；二是显示自己富足闲适。

过去，老北京的四合院里总会有几个鱼缸，大的院子甚至有十多个鱼缸。鱼缸种类繁多，有缸身如腰鼓的江西瓷缸，有形如花瓶的宜兴陶缸，还有比较古朴、上大下小的砂缸，还有的就是被称为"木海"的大木盆。鱼缸无论大小都放在砖石垒起的圆台上，高度正好让人俯身欣赏。鱼缸养的金鱼也多有讲究。金鱼通常分草鱼和龙睛鱼，草鱼就是沿街叫卖的小金鱼；龙睛鱼

中国风俗图志·北京卷

烤肉季

则种类繁多,什么红龙睛鱼、花红龙睛鱼、蓝龙睛鱼等,过去也有专门的鱼把式去培育品种。养金鱼看似简单,但既讲究用水,又讲究鱼虫、鱼盆,没有份闲适悠然的心,很难把金鱼养好。

石榴树 至于石榴树,则是四合院里最常见的树木,既可以赏花,又可以食果。每到秋季,石榴满树,通红娇艳,四合院显得生机勃勃。石榴树是四合院中常见的树木,除此之外还有海棠、春桃、枣树等。四合院中绝少种桑树、松树、柏树、梨树、槐树,北京有句俗语叫"桑松柏梨槐,不进王府宅"。大概坟地多种松柏,而"槐""桑""梨"与"坏""丧""离"谐音,不大吉利的缘故吧。

二、从四合院到大杂院

四合院是较为齐整的院落,往往独门独院,聚族而居。但是,到了清末民初,胡同里的"大杂院"越来越多。1911年辛亥革命以后,大量京郊的人和外省的人纷纷涌入北京城中,造成了住房的紧张。与此同时,清王朝灭亡,也使得旗人失去了"铁杆庄稼",生活日益困顿,他们不得不典卖祖产家具,或者将四合院房屋租赁出去。原来较为封闭齐整的四合院,开始涌入了大量的人口。而随后社会动荡加剧,更多的人家将四合院中的房屋出租出去。这样,胡同里独门独院、聚族而居的四合院,就越来越多地成了多家居住的"大杂院"。中华人民共和国成立以后,北京的人口快速增长,城内一家为宅的四合院就越发难以为继了,有些空置的四合院成了机关的宿舍,有的则腾出来安置更多的人口。为了容纳增多的人口,人们想尽办法地利用空间,院落内外私自搭起了大大小小的棚子和小房,大杂院也就显得更加拥挤杂乱。而胡同里生活的常态,就不再是我们想象的四合院里的庭院深深,而更多的是满是烟火气的喧嚣,以及置身都市高楼大厦包围中难得的宁静。

1.大杂院的街坊邻里

大杂院虽杂,但街坊邻里之间的热乎劲儿却是独门独院的四合院比不了的。街坊四邻的,都是抬头不见低头见,出了院子,整条胡同也都是熟人。大杂院里的人,按照亲属的称谓排着序称呼着,什么大大爷、二大爷、三大爷、大伯伯、二叔的……一叫起来透着热乎劲儿。平日里,街坊邻居们借个醋、借个盐的,也是顺手的事情。要是到了年节,大杂院异乎寻常的热闹,满院的孩子喧腾起来,挨家挨户拜年也是一景儿。冬日里,大杂院的人家都要生火炉,

中国风俗图志·北京卷

京城街头卖炸丸子图

围着火炉聊天是人们的一大乐事。晚饭过后,街坊四邻便来家串门,大家围着火炉,团团而坐,聊着大事小情,其乐融融。房主不时给大伙儿沏上茶,来聊天的人也不免带些瓜子儿、花生,小孩子们则在大人的膝下蹿来蹿去。要是院里的人家有个婚丧嫁娶,大家伙儿也都会随个份子,能出力的也都帮着忙活。如今,伴随着城市的改造,许多老北京人搬出了大杂院,住房条件改善了,但还是眷念大杂院街坊邻里的情谊。

2.大杂院里的"会"

　　过去大杂院的人家,生活大多不是很宽裕,有的院里就自发组织个"走支会",或者就叫"会",把几户十几户人家的钱自愿集中起来,选出院里有威望的人作为会首来管事儿。会首到了月初就去联系会里的人家,每个人家都出一样的钱,一户人家就称为一"支"。虽然一支的钱不多,但是十几户汇聚起来就不少了。钱汇集起来后,会首就会决定这个月的钱谁来用,或者抓阄,或者救急,或者排着顺序。比如,有一家这月要办婚礼,那么这笔钱就给他们家用。[9]

注　释

[1] 王文宝选编:《北京民间儿歌选》,浙江人民出版社,1982,第92—93页。
[2] "九门八点一口钟"的传说有不同的异文,有的说法是姚广孝在崇文门锁住龙子,告诉他只要听到打"点"即可释放他,姚广孝将崇文门的点换成了钟,龙子再也无法脱身。见马燕晖编著:《老北京的传说》,华夏出版社,2007,第16—18页。
[3] 参见侯仁之主编:《北京城市历史地理》,北京燕山出版社,2000,第446页。
[4] 参见翁立:《北京的胡同》,北京燕山出版社,1992,第2—7页。
[5] 翁立:《北京的胡同》,北京燕山出版社,1992,第16页。
[6] 参见白宝泉、白鹤群:《北京街巷胡同分类图志》,金城出版社,2006,第19页。
[7] 翁立在《北京的胡同》一书中,收集、整理了大量的胡同名称,文中所见胡同名称,参见翁立:《北京的胡同》,北京燕山出版社,1992。
[8] 参见段柄仁主编:《北京胡同志(下)》,北京出版社,2007,第42页。
[9] 参见白鹤群:《老北京的居住》,北京燕山出版社,2007,第62页。

中国风俗图志·北京卷

旧京小市图

第三章 老北京的商市与五行八作

历史上，北京很早就成为重要的商品交换市场，燕蓟时就是"富冠海内"的都会；汉唐以降，则为北方边贸重地。而元明清以来，作为全国政治、文化中心的北京，依靠大运河和发达的水陆交通，更是商贾汇聚、市场繁盛、百货具备，发展成为全国最大的商业中心和消费市场。这里有名扬四方的老字号，有数不清的大小摊点商铺，有游走于胡同街巷的小贩，还有服务于北京城市生活方方面面的五行八作，这些共同积淀构成了具有北京特色的工商业民俗文化。

第一节　京城的商市

北京城是商业繁华的城市。北京的商市主要有这样几种形态：一是商铺集中的商业街，形成了规模较大的商圈，商圈内大多是坐商，各种老字号云集于此；二是在一些街巷中汇集

板儿爷

起的专门的交易市场;三是因庙会而起的庙市,到了庙期,百货汇集,繁盛一时;四是晓市、夜市、鬼市这些较为特殊的集市;当然,还有一种更普遍的商业形态——行商,多为走街串胡同的小商贩,称为"挑八根儿绳的"。

一、老北京的商圈

老北京的俗语"东单西四鼓楼前",说的就是老北京的三个核心商业圈。北京商业街区的发展与北京历代王朝城市布局直接相关。

元代营建大都城,开凿通惠河,使大运河直通大都城内的积水潭。大都依靠大运河和发达的水陆交通,勾连江南与全国和海外的商货,而积水潭一带的钟鼓楼商贸云集、店铺林立,成为大都的中心市场,其市场布局及特点影响至今。[①]明代在大都城基础上修建了北京城,永乐年间迁都北京,北京渐渐成为全国最大的消费市场和商业中心,今日北京城市场的基本格局在明代已经确立。明朝打破"前朝后市"的旧制,在大明门与正阳门之间的棋盘街形成了全国最大的商业中心。以前门一带为中心,东有灯市,西有西市(西四),形成了主要的商业街区,与庙会市场和其他集市构成了北京城的市场整体。[②]清代,北京城实行满汉分治的旗坊制,内城为旗人居住,外城为汉官商民居住,前三门成为外来人员来京汇集之地,市场繁盛,众商积聚。道光咸丰以后,满汉分居的旗坊制度松弛,内城店铺日益增加,终于形成了"京师百货所聚,惟正阳门街、地安门街、东西安门外、东西四牌楼、东西单牌楼暨外城之菜市、花市"[③]的布局。再加上庙市和一些专业集市,构成了北京城基本的商业网络。[④]

明清以来,"东单西四鼓楼前"始终都是北京城的繁华地带。内城的东单、西四、白塔寺,外城的前门外大栅栏、天桥、珠市口、崇文门外花市、磁器口、和平外琉璃厂、宣武门外菜市口等,到中华人民共和国成立前夕的前门—大栅栏地区、什刹海—地安门地区、王府井—东单地区、西单—宣武门地区等区域,都曾经是北京商业最为繁荣的地方,也是北京老字号最为集中的地区,孕育了老北京历史悠远、灿烂多彩的商业民俗。

中国风俗图志·北京卷

车夫

二、专门交易集市

元代以来，来自各地的货物集中于京城，种类相同的货物往往汇聚一地，形成了专门的交易市场，久而久之这些街市也就以市场命名。仅从这些街市的名称，就可以想到这是过去北京城各类专业交易市场的聚集地，这也是老北京商业习俗、商业文化的一个重要表现。如东四牌楼西，在元代曾是交易马匹的市场，称为马市大街；到了明代这里是京东诸县生猪的集散地，聚集着数十家猪店和肉铺，这条街又被称为猪市大街。直至民国时期，这条街上不少院门口仍然挂着一串串猪尿泡，这是猪店的幌子。明代北京城"前朝后市"的格局，使得以市场命名的大街越来越多。过去，北京还有许多骡马驴市场，东四、西四都有马市大街、驴市胡同（即今天的礼士胡同），南城有骡马市大街、羊市口等专门的交易市场。崇文门外则有蒜市、栏杆市、糖市、花儿市、瓷器市，在过去这些都是专门的市场。清代以来，崇文门外有条花儿市大街，这里一直是绢花、宫花等假花生产、销售的集散地，有"天下绢花出北京，北京的绢花出花儿市"的美誉。当时的花行、花店、花作、花局遍布街巷，以花儿市而称的街巷就有十几个。时至今日，花儿市大街一带的老住户，大多会一些简单的绢花制作技术。宣武门外则有菜市、米市、骡马市、牛街，这些也都是以市场名为街巷的名称。前门外市场更多，以市场命名的街巷也多，果子市、肉市、铺衬市（"铺衬市"因经营"铺衬"的店铺而得名。铺衬就是破碎、废旧之棉织品，可用于"打袼褙"。铺衬铺收购"铺衬"后，加工分类，再进行售卖）、钱市、米市、粮市、鱼市（今天的鲜鱼口胡同）等。[⑤] 如今，这些专业的市场已经不在了，但是以此而得名的街巷名称仍然留在北京城中。

三、庙市

北京的寺庙林立，有"三步一寺，五步一庙"的俗谚。庙多，庙会也多。庙会因"庙"而生，最初与祭拜庙内神灵有关，每到庙期，香客集聚；与此同时，商贩也寻得商机，随庙期聚集，形成集市。因此，庙会也被称为"庙市"，成为过去北京商品交易市场的重要形式。以至于后来有的庙会祀神、娱神的活动没了，甚至庙宇也没了，庙市却一直繁盛。如《宸垣识略》中记载"火神庙在花儿市，明隆庆二年建，……每月逢四日，自庙前至西口开市"[⑥]，可见花儿市最初起于火神庙庙会。但是到了晚近，花儿市越来越兴盛，以至于人们只说逛花儿市，不再

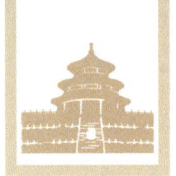

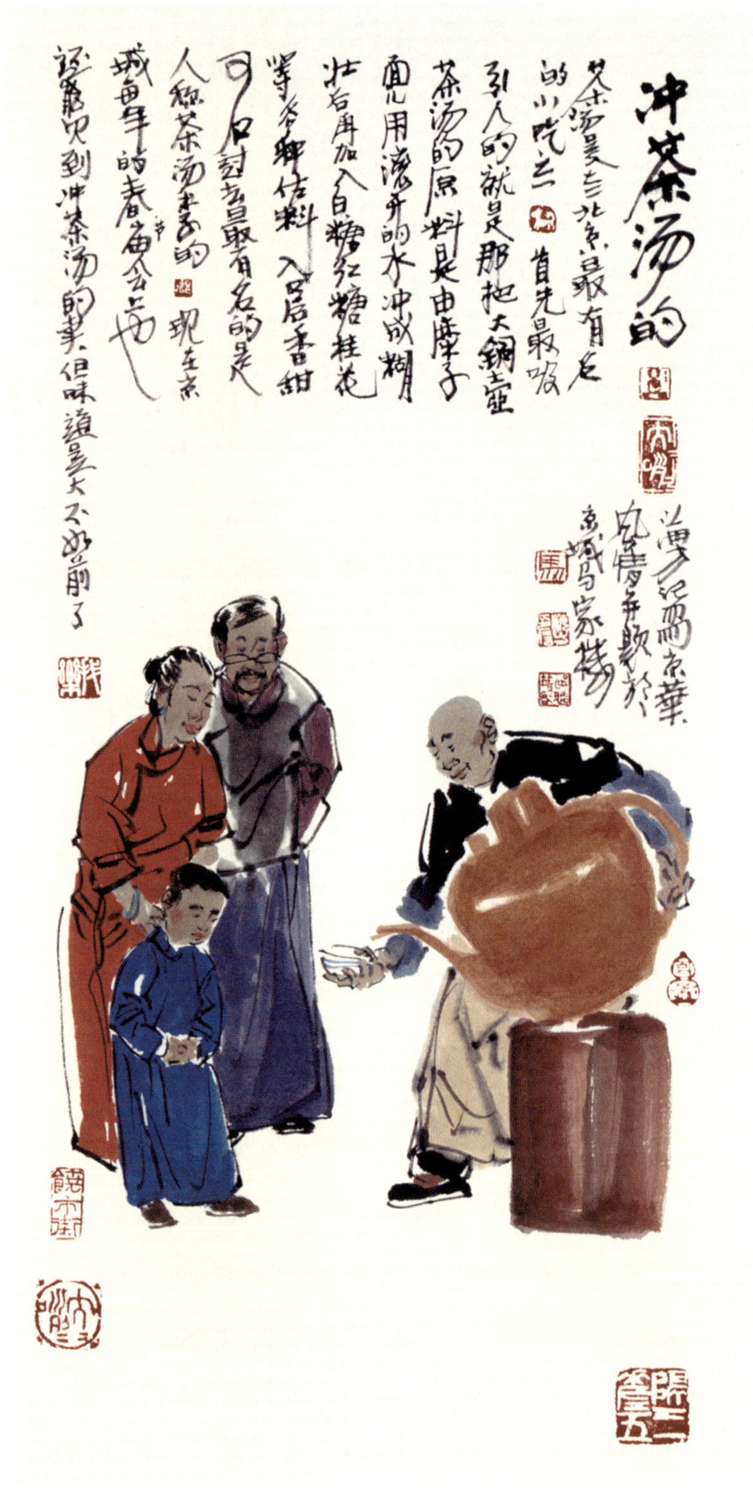
冲茶汤的
冲茶汤是老北京最有名的小吃之一 首先最吸引人的就是那把大铜壶 茶汤的原料是由糜子面儿用滚开的水冲成糊状后再加入白糖红糖桂花等多种佐料 入口后香甜可口 过去最有名的是人称茶汤李的 现在京城每年的春节庙会上也还能见到冲茶汤的 但味道是大不如前了

冲茶汤的

说赶火神庙庙会了。而护国寺庙会本为元代丞相托克托的故居,后在其遗址上建了护国寺。明清以降,护国寺日趋衰败,寺庙最终毁去。护国寺不见了踪影,但护国寺庙市却延续下来。

北京的庙会较之其他地方尤多,一年到头庙会不断。据北平民国学院1937年6月印行的《北平庙会调查》中记述,"北平庙会月开三次者五,月开两次者十一,年开三次者一,年开两次者三,年开一次者十六,共计庙会之数三十六"[7],也就是每年有三十六次庙会,每个月有三次庙会。庙会每月开三次的即土地庙、火神庙、白塔寺、护国寺、隆福寺庙会,被称为老北京的"五大庙会",其中护国寺、隆福寺庙会,还被称为"东西两庙会"。《草珠一串》中曾用"东西两庙货真全,一日能销百万钱"来形容这两个庙市的繁盛。北京的庙会集市各有特色,以护国寺、隆福寺庙会为例来说:护国寺庙市上摆摊的,都是些有名气的字号,如永和斋的酸梅汤、水玉斋的纸扇、天元堂黑驴张的眼药、仁义堂孟家的百补增力丸……这些字号信誉卓著,所卖货物质量上乘。而隆福寺庙会除了古玩字画、日用百货外,最为出名的就是各类小吃。隆福寺庙会盛时,汇集了满、汉、回、蒙各色小吃,形成了有京味特色的"隆福寺小吃",流传至今。

四、晓市、夜市、鬼市

晓市、夜市和鬼市是老北京特殊的集市,它们开市时间不同于一般的市场,也不同于庙会,而是在一些特殊的时间段,形成了一些别具特色的习俗。

1. 晓市

晓市之所以称为"晓"市,在于它的营业时间是大清早。能早到什么程度呢?大概后半夜的三四点钟,晓市便开市了。此时还是拂晓,天蒙蒙亮的时候,天空或许还有几颗星星,你要是赶到了晓市,那里已然人头攒动,交易之声此起彼伏,热闹非凡。等到日出之时,冬日最迟不过上午九点,晓市便收市、散市了,销声匿迹一般。老北京人有早起遛弯的习惯,如果想一边闲走,一边买点零用的东西,逛晓市是个不错的选择。晓市卖的东西全都是旧东西,像旧衣服、旧桌椅、破铜烂铁之类,有时候甚至会有或真或假的金银首饰、古董字画之类。来这里做生意的,全都是摆小摊的,有字号的铺子绝不会在这里出现。虽然卖的都是些零零碎碎的旧东西,但是过去北京的崇文门外、磁器口大街以东、药王庙大街都有成片的晓市。每天赶晓市做买卖、赖以为生的人不在少数。

中国风俗图志·北京卷

串货场

北京古玩行有几种交易，有现金交易，有时是以货易货，当时古玩的一景。

串货场

到晓市买东西的人,一般要有点定力,沉得住气。有经验的人,即使看到自己急需的物件,也要做出一副风轻云淡的样子,有一搭没一搭地问,要极尽所能挑毛病,把东西贬得一钱不值。然后就使劲儿杀价,把价格压到最低。实在砍不下价格,就可以"绷"他一天,等到第二天再去买。当然,在晓市做生意的人也早就对此习以为常。在晓市买东西,如果眼力好,也可以用极低的价钱淘到好玩意儿。⑧

2.夜市

老北京的夜市并不多,主要集中在三处:一是宣武门大街,一是前门大街,一是崇文门大街。夜市并非天天都开,而是有一定的市期,崇文门大街的夜市逢农历三、六、九开市,前门大街"二五八",宣武门大街则是"二四七"。⑨夜市的时间大致在傍晚到晚间八九点,最迟不会超过晚上十二点。夜市摆摊售卖的货物也都是些常用的东西,如衣服鞋帽、文具之类的,与晓市不同的是,夜市既有新货,又有旧货,还有假货。因此,在夜市买东西要格外当心,一不小心就着了道。彼时的夜市不同于今天夜市的灯火通明,每个摊点只点着马灯或电石灯。即使后来拉上了电灯,也弄得灯光朦胧,看得不真切。这时候,商家就会借着微弱的灯光推销自己的次货、假货。一件旧衣服,看上去九成新,质地也不错,但是在暗处却破了个窟窿打着补丁。等你第二天去找商家,大多会抵死不认,更不会退钱给你。因而,夜市中常常会有纠纷。

3.鬼市

鬼市并非是指闹鬼的"市",而是从营业时间上来说,鬼市从下半夜两点左右开市,在即将天明之前散市。鬼市交易时间属于"是人归家,是神归庙"的下半夜,正是"鬼"世界的时候,因而名之曰"鬼市"。老北京的鬼市有南北两处,南市在崇文门外东大市;北市先在德胜门外东北河沿上,后迁往什刹海的段家胡同。⑩鬼市由几部分组成:一是几个旧货铺,专门卖所收的旧物。也有人过来,手里拿着一两件东西,往地上一蹲,提着灯等人过来。最多的则是"打鼓的"(见下文"百工百业"中对"打小鼓的"描述),他们做的是旧时北京走街串胡同专收旧物的行当。打鼓的在鬼市连收带买,既来卖白天收的东西,也在鬼市摊点买点值得买的便宜货,再倒手。到鬼市买货的"打鼓的"不在少数,最多的还是老北京街面上摆小摊的。摆小摊的每日凌晨到鬼市买货,谓之"抓货",下午就在大街马路旁就地摆摊。摆小摊的还有

中国风俗图志·北京卷

吹玻璃

些手艺人，他们到鬼市上专门以低价买些破损的器具，买回来打磨、修理、装饰后，再卖个好价钱。这一行，凭借眼力和手脚勤快，也可能赚大钱。因为货物的来源并非那么清楚，鬼市的交易总是透着点神秘。在交易的过程中，尤其是价钱较大的时候，两人在袖子中拉手，用手势暗语比画价格。内行之人，在鬼市上时常可以"捡漏"，买到些好东西。

4."挑八根儿绳的"走街串巷

老北京的商业形态，不光有坐商、庙市和形形色色的集市、不定期的市场，对于胡同中的居民来说，走街串胡同的流动商贩也是生活中不可或缺的。他们有的是提篮挎筐，有的是推车引驾，但是比较常见的还是"挑八根儿绳"的。他们往往用扁担前后挑着挑子，或打着响器，或吆喝着，流转于各个胡同、街道，给居民的生活带来了许多便利。因为前后两个挑子各用四根绳子穿起，总共八根绳子，老北京人称他们为"挑八根儿绳的"。"挑八根儿绳的"主要是卖菜、花、各类吃食、杂货的，遇到买主便撂下筐子，将扁担用竹竿撑起。一大早，便有"挑八根儿绳的"挑着百十来斤的担子，满满两筐的青菜，前来卖菜。一年四季，您需要些什么，就能听见应时应节"挑八根儿绳的"小贩的吆喝。正月里，老北京讲究用活鲤鱼做祭品，卖鲤鱼的鱼贩子用扁担挑着木盆，便吆喝着"活鲤鱼哎"。到了元宵节，卖元宵的"挑八根儿绳的"就吆喝"筋道嘞滑透嘞，桂花味儿的什锦馅儿的元宵嘞"。二月初一是太阳节，卖太阳糕的小贩挑着挑子，吆喝道："供佛的太阳糕，太阳糕嘞，小鸡儿的太阳糕！"三月里卖香椿芽、莴苣；四月里卖杏子、芍药花；五月自然是卖粽子、艾叶、菖蒲；六七月卖酸梅汤、西瓜、桃子，还有七月十五卖莲花灯；八月则是卖枣子、栗子、山里红；九月卖花生、柿子；十月卖大白菜、劈柴；十一月份卖水萝卜；到了腊月卖关东糖、芝麻秸、年画。平时，"挑八根儿绳的"还会卖些针头线脑、儿童玩具。这行当虽然本小利薄，但只要勤快，生计还是有着落的。一些善于经商的老字号，有的就是从"挑八根儿绳"卖货开始的，如北京的清真馆子"南来顺"最初就是靠"两把刀（指切羊肉刀和切年糕刀），八根绳儿"起的家。

中国风俗图志·北京卷

打瓢卖山货图

第二节 老北京的商市习俗

一、早晚高香拜"号神"

对于老北京开店做买卖的商人来说，生意的兴隆离不开神灵的保佑。他们所祭祀的各类神灵，被称为"号神"，即本字号的神。

老北京的商人开店做买卖都会供奉财神、祖师爷、保护神等，希望得到神灵的青睐和庇护，使生意越发兴隆。平日里各商家每天都要给神灵上香、进茶、上供，丝毫不能怠慢；到了年节更是要烧香、上供、祭拜。如过去大街小巷遍布的油盐店，都会有木制的神龛一座，上供关圣帝君，业主要"晨昏三叩首，早晚一炉香"。农历六月二十四日是关公诞辰之日，要焚香设拜，过年时一定要供上五碗套饼或成堂蜜供。后场的酱醋房，还要供上"酱祖""醋姑"的神位，每到"酱祖""醋姑"诞辰日，要举行祭拜祖师仪式，店员还可放假一天。

老北京的商人供奉最多的当属财神，财神分为文财神和武财神。常见的文财神是陶朱公范蠡和比干。范蠡帮助越王勾践打败吴国后，功成身退，经商置产，成为生财有道的陶朱公。比干则是因为被纣王挖心，成了无心之人，办事自然毫无私心，因此也成为被人们祭拜的文财神。武财神则有赵公明和关公，北京的山西籍商人都奉关公为财神。老北京的商人还特别重视祭拜广安门外的"五显财神"。传说，五显财神是康熙年间的五个绿林好汉，经常劫富济贫，死后被立为神，可保佑商人发财。老北京的商人每到农历正月初二、九月十七会去五显财神庙迎财神，彼时鞭炮齐鸣、香火萦绕，昼夜不停。有的商人会到庙前以十倍价钱买个纸元宝，意为"借钱"，等发了财便会数倍酬神。

老北京的各行各业都有自己的祖师爷和保护神。这些祖师爷和保护神，有的历史上确有其人，是该行业的创始人或代表人物；有的则是人们想象和附会的产物。民国时期自行车业兴起，虽然在当时自行车业是个新兴的行业，他们还是确立了本行业的祖师爷——哪吒。据说，是因为哪吒脚踩的风火轮像极了自行车的两个轮子。

常见的行业祖师爷或保护神如下：

大葫芦图

笔店业祖师——蒙恬，火腿业祖师——宗泽，茶叶业祖师——陆羽，豆腐业祖师——乐毅，理发业祖师——罗祖，屠宰业祖师——桓侯，文具业祖师——文昌，餐饮业祖师——詹王，米店业祖师——王爷，染织业祖师——葛洪，裁缝业祖师——轩辕氏。⑪

比较有特色的，如琉璃厂的商人，他们经营古玩字画、文房四宝，因此就将文昌帝君作为自己的行业神，在琉璃厂修建了两座文昌帝君庙。而琉璃厂的书商最害怕的是火灾，就立了火神庙。又因琉璃厂书商中分江西派和河北派，作为竞争对手的两派，竟然各自立了一座火神庙，分开祭拜。

二、买卖和气赚人钱

老北京有这样的俗语"买卖和气赚人钱"，老北京生意人讲究和气生财，最忌恶语伤人，老北京叫作要有三分"纳气"。所谓"纳气"，陈鸿年在《北平风物》如是解释："生意人除了站在生意立场，殚精竭虑，出奇制胜，而想独步商业的心理外，其余的大事小事，常常让人三分。任何时候都是满面春风，见人不笑不说话，礼貌周到……"⑫尤其是一些老字号，在招学徒、伙计时，首先要其学的就是如何对待顾客。当时很多学徒和小伙计都要学唱《生意歌》："上柜来，笑颜开，休要发愣莫要发呆，无论穷富一样儿看待，看你的买卖发财不发财。"像老字号瑞蚨祥待客尤其殷勤，令北京人至今记忆深刻。当顾客一进入绸缎铺，不管你是一身泥土的乡下人，还是巨商大贾，柜台外头"瞭高的"（意为观察顾客的）掌柜立即上前捧茶、递烟，问寒问暖。客人要什么货，不需要多言语，后面的小伙计就会到后头把要的东西拿过来，一拿就是好几样，任你挑选。对于客人的要求尽其所能满足，绝对不许说"没货了"。若是客人茶喝了好几盅，烟也抽了不少根，东西搬来搬去，最后仍然是不买，也绝不会变脸，甚至恶言相对，最后还是和气对待："真是货不全，您到别家再瞧瞧，不行的时候，回头再请过来。"⑬

而特殊的行业，在言语、行为上也充分照顾顾客的感受。像棺材铺、寿衣店、药铺，都不会主动与客人打招呼。当客人买完东西，也不能说"回头见""欢迎下次光临"。到别的铺子，可以说"老主顾，不会多算钱"这类客气话，但是棺材铺就不能说，就得说："您这是百年不遇的事情，怎么能够多算钱呢？"⑭

大酒缸

三、"老买卖不养三爷"

老北京商市中，有这么一句俗语叫"老买卖——不养三爷"，意思是不让"三爷"参与到买卖的经营管理中来。"三爷"指的是少爷、姑爷、舅爷。过去，老北京的老买卖、大买卖、老字号大多是一姓或几个家族所有，会出现"子承父业"的情况，但是在具体经营管理上，却是由掌柜来处理。掌柜相当于现在的经理，为了使生意兴隆，店家要保证聘请的掌柜务必要尽心尽力。一旦"三爷"进入经营管理中，买卖就难保做得好。少爷、姑爷、舅爷，因为与店主的关系，身份特殊，往往会对店铺的管理指手画脚，甚至胡作非为，影响到字号的声誉。出于此，当时许多老买卖掌柜的，都明确提出"不养三爷"。"不养三爷"是这些老店铺多年来积累的经验，成为许多老买卖一条不成文的规矩。

四、做什么生意打什么幌子

幌子是过去北京商家的重要标识，是表明店铺名称、所售物品或服务项目的标志。过去，老北京的商家都会悬挂各具特色的幌子，一来为了凸显自己区别于其他商家，再者可以招揽顾客。幌子有多种类型，大致分为文字幌、形象幌和实物幌。

文字幌也形式多样。一种就是将店铺名称等绣在或者印在布幌子上，用长杆将布幌子高高挑起，很远处就可以看得见。在老北京的大栅栏、前门大街、鼓楼大街等闹市，老字号林立，通常用的是这类布幌。布幌子没有什么太多的修饰，文字醒目突出，色彩斑斓，十分引人注目。另一种文字幌是写在或者刻在木板上的，往往突出其主营范围，如油盐店杂货铺的门口挂着"湖广杂货""山西陈醋"之类的木牌。还有的木牌幌子标识的内容更为丰富，如"细皮薄脆，多肉馄饨""通天蜡烛，地道药材""诸品名茶，零整批发""甘露斋祖传狗皮膏药""京都东凌云芳处造诸山各顶进贡名香""永安堂遵古炮制饮片丸散膏丹；永安堂自运川广云贵生熟药材"等。

再一类幌子就是形象幌，人们相沿成俗以某些符号标识来指代某种买卖。即使没有文字匾额，也没有吆喝，不论多远看到幌子就知道是什么买卖。当铺的幌子最为简洁明了，门口竖一块大木板，大喇喇地写着"当"字。中药铺的幌子就是用数个"大膏药"连成一串，最下面是个倒立的小孩，或者是个双鱼图案。酒铺的幌子是挂一个红葫芦，上插红布小三角旗。"饽饽

中国风俗图志·北京卷

大排档

铺"（糕点铺）的幌子是块木板，四边为"万（字符）字不到头"回纹，中雕"百古"图案，油漆彩绘，金匾大字。鞋铺是在门面前房柱上横一条铁棍儿，外端设钩环，挂一块白色木牌，四角绘上云头纹图，中间画一只黑色白底大长筒朝靴。饭庄、饭馆的幌子是在门前上方固定一块扁铁，伸出房檐外。扁铁的前端向上卷成数朵花形，下面挂着两块或四块木牌，木牌下坠着布条，如果是清真饭馆，木牌下系着蓝色布条；如果不是清真饭馆，则系着红色布条。

在形象幌中，许多老北京人至今津津乐道的是鲜鱼口田老泉帽店。店主田老泉养了只黑猴，活泼可爱，以至于很多人专门为逗弄黑猴来店内购物，因而店铺顾客盈门。人们就把这家帽店称为"黑猴记帽店"。后来田老泉死去，黑猴郁郁寡欢不久也死去，后人就制作了一个火眼金睛、手捧元宝的木制黑猴作为店铺的招幌。以至于后来，人们已经不大记得"田老泉帽店"，幌子成了店名，只知道"黑猴记帽店"了。

第三类就是实物幌，就是在自家店铺前摆挂上店铺经营的物品。卖皮货的店铺就在门口挂着杂毛皮袄，卖筛子的店铺就挂一个大筛子，冥衣铺、纸活铺就直接挂上纸人纸马，灯铺就把一个圆形的红纱灯挂在门前。

五、生意人的年节

老北京有首儿歌："送信的腊八粥，要命的关东糖，救命的煮饽饽。"这既是一首表示腊月节令的歌谣，也是在讲买卖人特有的年节习俗。一到腊月初八，就快到春节了。这一天老北京人要喝腊八粥，做生意的店家就会在这天算账，派人给欠债的人送信，提醒要准备年底清算结账了，因而叫"送信的腊八粥"。腊月二十三过小年，要用关东糖、糖瓜儿祭灶。到这天，春节已经迫近，债主就要到家催账了，因而就有了"要命的关东糖"。如果这一年生意不错，自然不会担心。但是如果生意不行，只能东挪西凑变卖东西还债，实在还不起了，就离家躲账，甚至躲到郊区、外地。所谓"难过年关"，对于生意人指的就是这种情形。躲账的人躲到了除夕，债主因为过年也就暂时不追账了。除夕时要吃饺子，北京又称为"煮饽饽"，除夕一到，躲债的人就可以回家团聚了，因而就有了"救命的煮饽饽"一说。但是躲债只是权宜之计，躲得了初一躲不了十五。过了十五，债主又该催债了。

小商小贩可以外出躲债，可是一些比较大的商号的店员就没有那么幸运了。如果一年里

中国风俗图志·北京卷

街头理发图

店家买卖不行，年关就真成了店员的"鬼门关"。大年初四，在开市之前商号的东家照例要设宴款待员工。如果上一年买卖顺利，东家会分发红包，大家在一起其乐融融。可是，如果上年买卖困难，或者掌柜的对某些店员不满意，这宴席就成了砸人饭碗的"鸿门宴"了。老北京的商号里曾流传这样一句话，叫"天不怕，地不怕，就怕初四晚上掌柜的说官话"。初四晚上，宴会上虽然酒菜丰盛，但是照例酒后要吃包子。掌柜的这个时候举起杯子，和颜悦色，春风满面，大家就可以放轻松了。如果这年买卖不错，掌柜的便会说，来年大家还要和衷共济、相互关照之类的话，大伙儿就可以放心了。可是一旦掌柜的板起脸孔，来向大家道"辛苦"，说起"官话"，在座的都会心惊胆战。官话的内容，不外乎说买卖困难，亏损较大，希望一些店员"再找个发财的地方""另寻高就"。官话说完了，包子就端了上来。掌柜的亲自夹包子，包子夹到谁的碗里，就暗示着这人已经被解雇了。被辞退的人，饭后就自动收拾行李回家。所以这顿饭，俗名叫"吃滚蛋包子"。也有的店家辞退店员的时候，采取其他的方式。也是在正月初四，当晚在迎神磕头的时候，谁没有被邀请参加，就意味着谁被辞退了。当晚，被辞退的店员便会收拾好行李，第二天便离开了。相较于翻脸开除人，这种做法要含蓄得多。

第三节 京城老字号

一、老字号的"字号"

在说老字号之前，先谈一下"字号"。"字号"是什么呢？字号其实就是商店的名称。老北京店铺的字号琳琅满目，即使有些不大的店铺，也会起个好听的名字。比如胡同里最常见的副食店、杂货铺，多用义、顺、兴、隆、恒之类的字眼，图个生意兴隆的彩头。

中国风俗图志·北京卷

街头药摊儿

各个行业的商铺的字号往往形成了一些惯例，一看就知道经营的范围是什么。老北京有名的老字号"八大祥"，即位于前门、大栅栏的八个绸布庄：祥义号、瑞蚨祥、瑞生祥、瑞增祥、瑞林祥、益和祥、广盛祥、谦祥益。中药铺的字号，则多用"堂"，如同仁堂、鹤年堂、宏仁堂、长春堂、济仁堂……而字号中带有"当"字的，不用说就是当铺了，如通盛当、长盛当、谦和当等。老北京的糕点业，则喜欢用"斋"字，如九龙斋、正明斋、瑞芳斋等。

饭馆这一行字号使用的字眼则相对多一些，北京过去有"八大楼"的说法，指的就是清末民初北京八个大的饭馆：东兴楼、泰丰楼、致美楼、鸿兴楼、正阳楼、庆云楼、新丰楼、春华楼。除此之外，老北京还有"八大居""四大兴"的字号，也都是饭馆，如和顺居、天兴居、会仙居、鼎和居、广和居、天然居等为"八大居"，福兴居、万兴居、同兴居、东兴居为"四大兴"。

还有些字号有鲜明的地域特色。老北京的山西商人非常多，很多生意都是山西人把持着。如老北京卖干果杂货的，多为山西人，他们的字号往往都带着"晋"字，如晋隆泰、晋华春、晋川永、晋永义等。

以上这类商铺的字号，大多较为文雅。也有些商铺的字号较为简单，便于记忆。如东四西大街，原名猪市大街，有猪贩店铺54家。这些店铺字号就直接明了，杨三店、高八店、许大店、郭九店等；如果是两姓合开的店铺，就名为丁张店、岳王店、辛杨店、史胡店之类的。一些小吃店的字号也是简单明了，如爆肚冯、小肠陈、奶酪魏等。

还有些老字号的名称比较特殊，乍看名字，很难知道其经营范围。如主营烧卖的"都一处"（参见第八章《都一处的来历》）、羊肉馆子"一条龙"、饭馆"碎葫芦"。还有功德林、居德林，看起来是佛教场所，实际上是经营素食斋饭的。

这些字号，在经年累月的经营中，如果赢得了顾客的信赖，在商界的竞争中立于不败之地，年头久了，就可以称为"老字号"了。

二、京城老字号与老北京人的体面

老北京人信赖老字号，在日常生活中也以使用老字号的商品、接受老字号的服务为体面。长期以来，老字号与老北京人的生活已经交织在一起，形成了许多关于老字号的有趣的俗语，从中我们可以窥见老字号的魅力，以及老北京人对老字号的喜爱。

中国风俗图志·北京卷

打小鼓的：旧京街头的鞋摊儿

1. "头顶马聚源，身穿瑞蚨祥，脚踩内联升，腰缠四大恒"

清末民初以来，北京流传着"头顶马聚源，身穿瑞蚨祥，脚踩内联升，腰缠四大恒"的俗语。"马聚源"是家帽店，"瑞蚨祥"是家绸缎店，"内联升"是家鞋店，"四大恒"是四家银号。这些都是北京著名的老字号。这句话说的是，在当时一个人只要头上戴着马聚源的帽子，身上穿着瑞蚨祥的衣服，脚上踏着内联升的鞋子，能从"四大恒"银号支取银钱，就是一个体面的人，一个有身份的人。

2. "丸散膏丹同仁堂，汤剂饮片鹤年堂"

这句话说的是老北京人认可的两个老字号药铺——同仁堂与鹤年堂。两个药铺各有特点，同仁堂的"丸散膏丹"最被老北京人认可，而"汤剂饮片"则以鹤年堂更为有名。同仁堂创立于康熙八年（1669），1723年开始贡奉皇宫御药。在三百多年的发展历程中，同仁堂恪守"炮制虽繁必不敢省人工，品位虽贵必不敢减物力"的古训，为北京乃至全国人民所信赖，北京还有"同仁堂的药——货真价实"的俗语。鹤年堂的历史则更为久远，据北京市志载：本市药业最久、声誉最著者，若鹤年堂……起于明，明永乐三年（1405）由著名诗人、医学养生家丁鹤年创建。经过历代传承人的发展，鹤年堂逐渐形成了集食养、药膳、动调、中医诊疗于一体的中医药老字号。

3. "鹤年堂前讨刀伤药——死到临头"

老北京还有一句俚语直接和鹤年堂相关，"鹤年堂前讨刀伤药——死到临头"。鹤年堂的总店在菜市口胡同，清代以来菜市口成为"刑人于市，与众弃之"的法场，行刑之地恰恰在鹤年堂门口。每次处斩犯人之后，刽子手总会向鹤年堂讨点安神药，因此就有了这么句俗语。

4. "臭名远扬"王致和

北京人本没有吃臭豆腐的传统，但是自从有了"臭名远扬"的王致和，臭豆腐成了人们常见的佐餐食品。王致和本为安徽进京赶考的考生，住在安徽会馆。为了节省开支，每日以豆腐佐餐。一次，豆腐没有吃完，王致和怕坏了，就在豆腐上面撒上盐和花椒等物，装在坛子里贮存起来。考试后，王致和名落孙山。他自然垂头丧气，此时盘缠又用完了，肚子十分饥饿，只有会馆门房给他送来的一碗糙米饭。这时他才想起放在坛中许久的豆腐，打开坛子时发现豆腐已经发霉，长了绿毛，且臭不可闻。无奈之下，只得以臭豆腐佐餐，竟然感觉

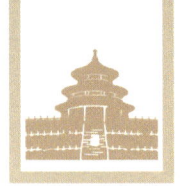

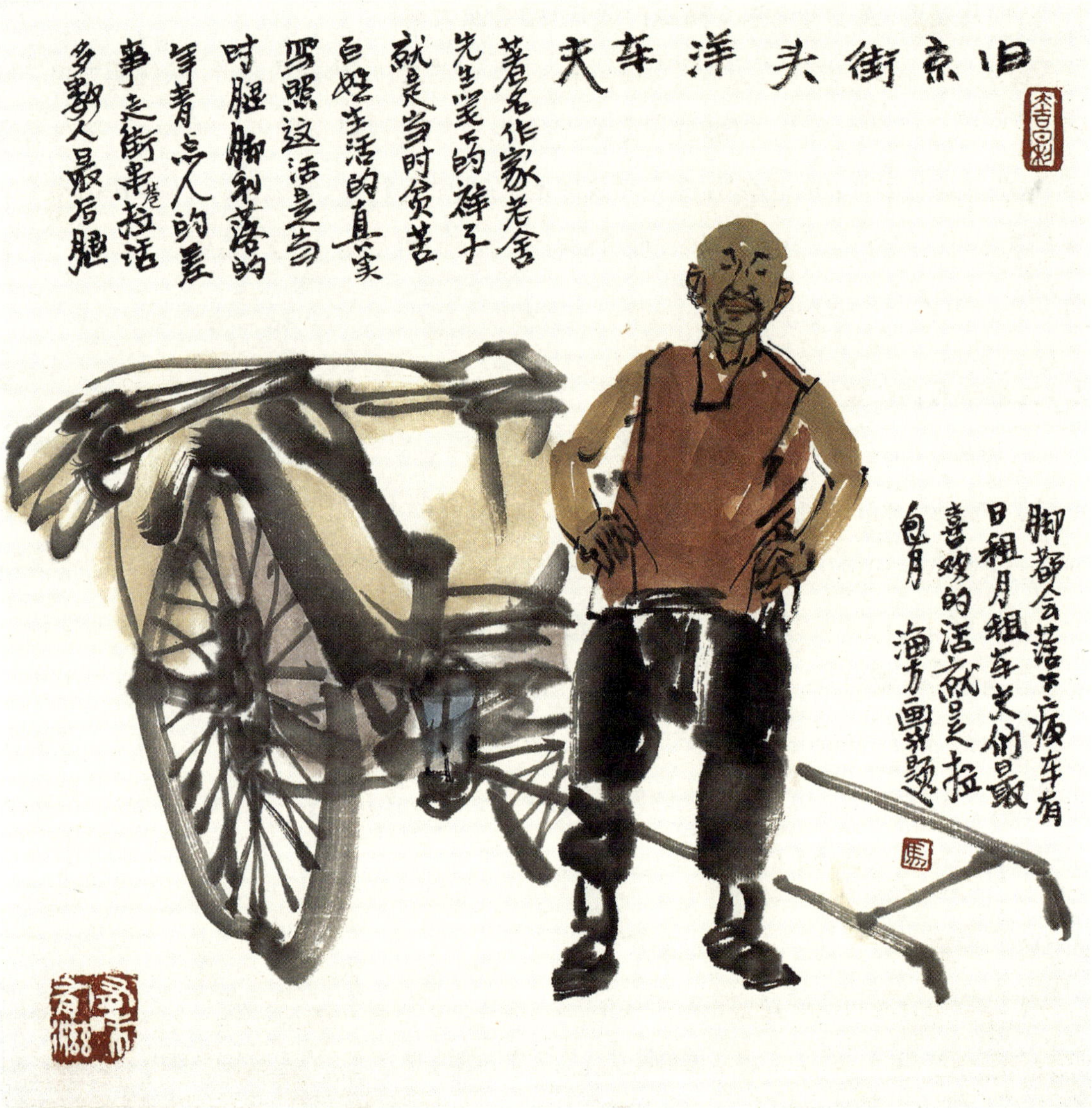
旧京街头洋车夫
著名作家老舍先生笔下的祥子就是当时贫苦百姓生活的真实写照这活是当时腿脚利落的年青点人的差事走街串巷拉活多数人最后腿脚都会落下病车有日租月租车夫们最喜欢的活就是拉包月
海力画并题

旧京街头洋车夫

味道十分鲜美可口。王致和因祸得福,干脆不再考试,筹借了些银两,开起了"安徽风味"的臭豆腐店。一时之间,王致和臭豆腐因"臭名远扬"生意兴隆,经过多年发展渐成北京著名的老字号。

5."东来顺的涮羊肉——真叫嫩"

老北京有句歇后语"东来顺的涮羊肉——真叫嫩",字面上形容的就是东来顺涮羊肉的鲜嫩。涮羊肉又称"羊肉锅子",是北京人普遍爱好的美食。东来顺是以涮羊肉为招牌的老字号,有"涮肉何处好,东来顺最佳"的说法。东来顺作为老字号,其羊肉以嫩为特色。之所以嫩,一是羊肉是精选的,对于产地、种类、羊龄、部位都有严格的规定;二是刀功好,羊肉切出来讲究形如帕、薄如纸、软如棉。因而东来顺的羊肉一涮就熟,久涮不老,得了"真叫嫩"的美誉,也成为人们日常生活中的一句歇后语。

6."砂锅居的幌子——过午不候"

砂锅居是家以卖砂锅白肉出名的老字号,开设于乾隆六年(1741)。这家饭庄的红火与清宫祭天有关。当时,清宫在日祭、月祭、年祭时以整猪祭祀,祭祀后便将整猪廉价卖给商家。砂锅居与宫里更夫交好,有了稳定的原料来源,再加上聘请名厨掌勺,饭庄的砂锅白肉在北京逐渐闻名起来,许多达官贵人更是好这一口。砂锅居的老板采取"物以稀为贵"的经营策略,每天只煮一头猪,到了中午便销售一空。食客若是过了中午,往往就吃不上这一口,以至于砂锅居干脆到午后便摘了幌子,闭门谢客。久而久之,北京就有了"砂锅居的幌子——过午不候"的歇后语。

7."六必居的抹布——酸甜苦辣全尝过"

六必居酱菜园是北京历史悠久的老字号。据传六必居创于明朝中叶,其金匾是由严嵩所题。六必居最初是来自山西的赵氏兄弟开设的小店铺,"六必"取自"开门七件事——柴米油盐酱醋茶",店铺因除茶以外都有经营,称为"六必居"。六必居最出名的是它的酱菜,它也是北京酱园中历史最久、声誉最好的一家。在清代,六必居成为宫廷御品,清宫还赐给六必居一顶红缨帽和一件黄马褂,以方便给皇宫送菜。既然六必居以酱菜出名,它家的抹布自然是"酸甜苦辣全尝过了。"

中国风俗图志·北京卷

旧京钱庄图

三、老字号的经营之道

北京的老字号之所以能历久不衰，在竞争激烈的商海中立足，赢得老北京人的信赖，自然有其独到的经营之法。

老字号能够赢得顾客的信赖，第一位的当然是以质取胜、信誉为本。六必居虽然经营的只是酱菜，但为了保证菜品的色香味，每道工序均严格细致，丝毫不敢马虎。以甜酱瓜为例，一定要用当天午前采摘并送到店里的老洋瓜，清洗之后，在盐水中浸泡三十六个小时，再投入酱料腌渍整整两天，其后再经过二至四天的晾晒，翻个儿再用甜面酱腌制。其后每天还得对酱瓜打耙七八次，每次打十耙。正是凭借对酱菜品质的严格把关，六必居积淀了良好的信誉。其他如张一元的"人品如茶品，做茶先做人"，全聚德的"鸭要好，人要活，话要甜"的三字经，也都可以看到老字号的以质取胜。

其二，老字号之所以在商海沉浮中屹立不倒，还在于有自己的"独门秘籍"，形成了不可替代的技艺、产品和服务。如，同仁堂生产的数百种中成药，安宫牛黄丸、乌鸡白凤丸、再造丸等被誉为"十大王牌"，这些王牌用料珍贵、制作讲究、疗效神奇，难以为其他药铺的药所取代。正阳楼涮肉也是京城一绝，其刀功精湛，羊肉片切得又薄又细，方正匀称，码放齐整，显现出红白相间的纹理。这个独门绝技，是正阳楼立足京城的至宝。而东来顺恰恰就是高价引入正阳楼的切肉师傅，得以名声大振。正因为商海竞争的激烈，老字号都会千方百计地保证自己的独门绝技不外泄。

其三，老字号之所以能够历经岁月而不倒，在于形成了代代相传的店规、祖训、家规，使得老字号的经营理念、制度能够恒久传承。同仁堂数百年秉持"炮制虽繁必不敢省人工，品位虽贵必不敢减物力"的古训，使其成为历代同仁堂遵守的经营理念和行为准则。作为绸布业老字号的瑞蚨祥则秉持"至诚至上、货真价实、言无二价、童叟无欺"的店训，历经百年而不衰。

其四，老字号能够历久弥新，还在于能够把握商机，适应形势变化。比较典型的是内联升。老北京有"脚踩内联升"的说法，但是最初脚踩内联升的是清代宫廷显贵、官僚士绅。内联升发家，就是瞄准了当时社会上层的需求，专门制作各种宫靴和朝靴。然而，辛亥革命后，宫靴和朝靴随着清王朝的灭亡而退出了历史舞台，内联升及时调整，设计出专门供民国公务人员穿的小圆口千层底布鞋，一时间颇受欢迎。

当然，京城老字号的优势还在于地处北京，大多善于借势用力，扩大名声。六必居将清

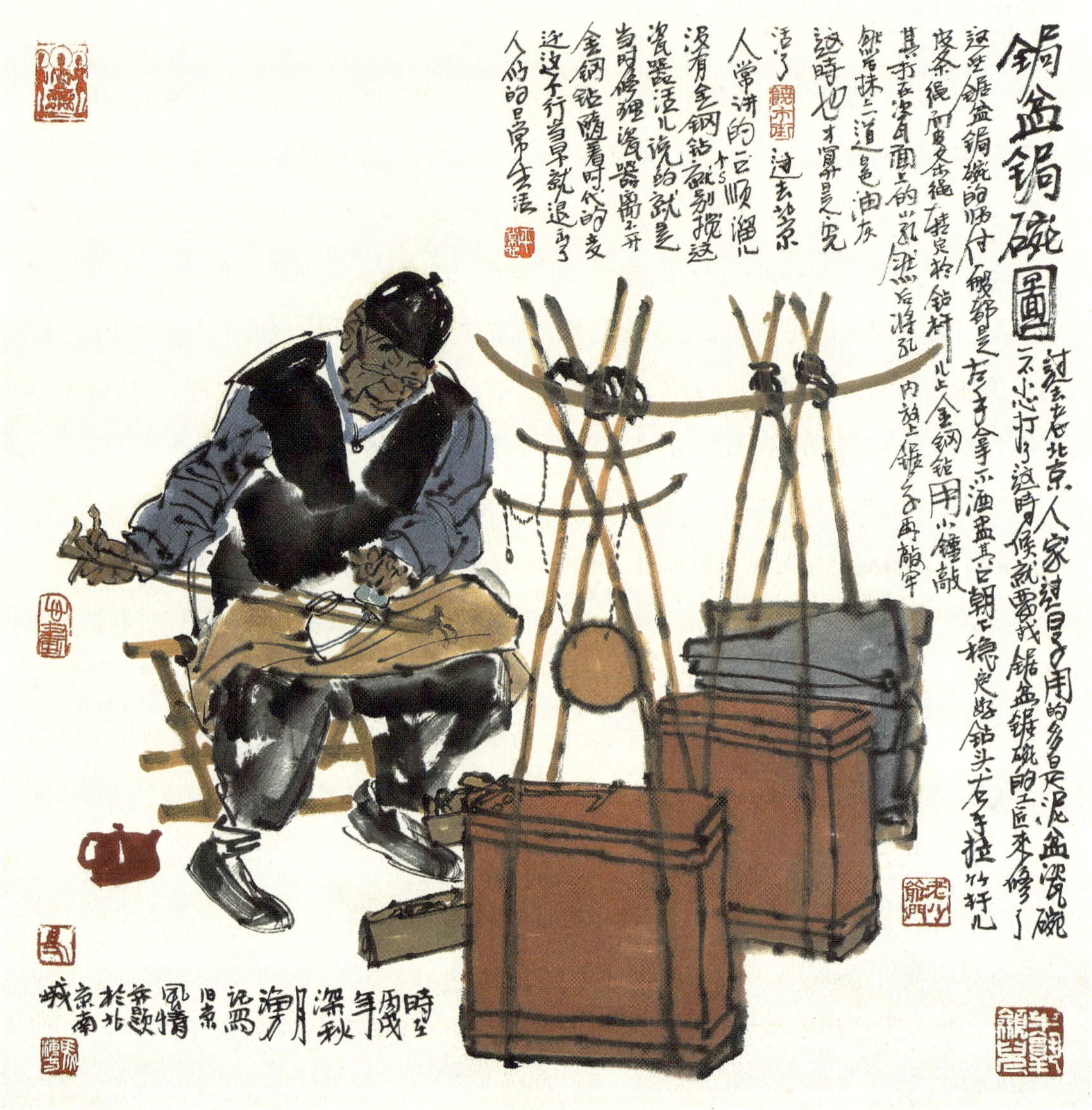

锔盆锔碗图

宫御赐的红缨帽和黄马褂视为品质和身份的象征，并供奉在店内。都一处则流传着乾隆进店赐字的传说（详见第八章《都一处的来历》），王致和、月盛斋、宝古斋等老字号高悬大学士、大学者、社会名流题名的匾额，都使得这些老字号迅速誉满京城。

第四节　老北京的"五行八作"

老北京行当众多，有"五行八作""七十二行""百工百业""三百六十行"之说法。不管多少种，从事这些行当既是人们谋生的手段，又与北京人的生活息息相关。以下选取一些或具有北京特色，或与老北京人日常生活密不可分的行当进行介绍，以期展现老北京"五行八作"的一角。

一、没有不开张的油盐店

在所有行当中，与老北京人日常生活关系最密切的莫过于遍布胡同街道的油盐店。开门七件事——柴米油盐酱醋茶，除了柴和茶，其他几件事总少不了油盐店。油盐店卖的都是日常生活的必需品，服务的对象广，因而有"没有不开张的油盐店"的说法。油盐店大多是小本经营，铺面不大，但讲究"不怕不赚钱，就怕货不全"，尽量能够满足胡同居民的需求。油盐店通常是"前店后作坊"，前店是门市，有油柜、粮柜、菜床和杂货柜之分，杂货柜卖的是除了食品以外的日常百货，纸张、火柴、蜡烛、香烟，甚至拜神用的神码、黄纸，一应俱全。后场是制作酱、醋、腌制酱菜、磨面、磨油的作坊。

老北京的油盐店是一个满是人情味儿的地方。到油盐店来买东西的人多是老住户，也多

中国风俗图志·北京卷

拉洋片图

拉洋片最早有称看西湖景或看西洋景的。天桥有拉大洋片的。因早年富家当时皇民要教大金牙熊金池把民间艺术大男三路萝角道大金牙和小金牙拉片说唱最地同艺术大男三路萝角约一米左右放入看箱中惧宽约二米高箱前有窗口并有放大镜观众可以通过放大镜往里瞧天片其以吃拇师另唇拉来卿以鼓锣伴奏说学逗唱吸引了无数看客

拉洋片图

为回头客,这样每个油盐店都形成了自己的"势力范围"。油盐店尤其讲究和气生财,与居民搞好关系就尤为重要。油盐店的经营之道,就是"安分守己",要在街道胡同里立足,绝不能得罪老主顾,不能以次充好、卖假货。许多老北京在回忆起油盐店时,都不自觉地回味起油盐店浓浓的人情味儿。早上遛早回来,住大杂院的没钱去茶馆,不少人就进了油盐店,找掌柜的聊天。油盐店里也总是摆上几条长凳,供人们闲谈。遇到老顾客一时没有钱,看在是街坊邻居的份上,也可暂赊一会儿。每到年节的时候,掌柜的会去拜会一些住户,遇到婚丧嫁娶也会随个份子,以求照应。

二、开张吃三年的古玩行

北京是文化古城,老北京的古玩行尤其发达。古玩行有"三年不开张,开张吃三年"的说法,说的就是这一行业的特点。身处古都的古玩商具有先天的优势,一方面在社会变动时期大量古玩流出;另一方面北京的文士名流众多,使得老北京的古玩商颇具鉴赏力。北京的古玩行主要聚集在琉璃厂、廊坊二条、西湖营,分别以"古玩街""玉器街""秀华街"闻名。古玩业大多是"等主候客"的经营方式,有时候很久才会遇到一单买卖。可是如果眼力好、运气也好,一单就可以赚到大价钱,因而这一行业也就得了"三年不开张,开张吃三年"的说法。古玩行赚得多、利润大,但是风险也极大。这个行业需要扎实、毒辣的眼光,如果不慎打了眼,收到了"打眼货",被同行知道了往往会成为笑话。因而,古玩商打了眼,也都自认倒霉,默默地收起货品,绝不声张。这个行业的特殊性,形成了许多特有的内行知识。

三、浸润墨香的书肆

北京书肆之发达,是我国任何一个城市都难以比拟的,即使在一些庙会集市上,也不乏书摊。北京历史上书肆的兴盛,与京城的文化氛围和文化底蕴有着极大的关系,这里汇集来自全国的士人举子、文人墨客、梨园艺人、文化商人,对于书的需求自然要比任何地方都大得多。北京的书肆历史悠久,形成了琉璃厂大街、隆福寺街、东安市场、西单市场等较大的书商集中地,尤其是在清代乾隆年间以后,琉璃厂的书肆最为繁盛,各地的读书人进京入试,都

老北京厂甸卖扑扑登儿（噗噗噔儿）和琉璃喇叭的

会去琉璃厂购书，每年的厂甸庙会，更是云集了众多书摊，琉璃厂书市之规模居于北京之冠。

老北京书商分为两个大的派系，一派以江西籍的书商为主，另一派则来自直北的冀州、束鹿、深县等地，称为河北派。书商最怕的是火，因而琉璃厂的书商必供奉火神，以求佑护，避免发生火灾。两派书商虽都供奉火神，但又相互竞争，于是在琉璃厂各自立了一座火神庙，各拜各的。虽说不同派系的书商多有竞争，但是面对顾客却古的风度。无论在书店翻书时间长短，买与不买，店主和伙计均和颜悦色、奉承前后，绝没有轻慢客人的言语和举动。你看三天书，偶尔买上一本，也算是书店的熟主顾了。因而北京的书店与读书人保持着亲密的关系，许多文化名人、著名学者回忆起老北京的书店，也都满是温馨。

四、"红白事"离不了的棚铺

棚行是过去老北京"红白口"行业之一。所谓"红白口"指的是红白喜事这类人生礼仪，过去老北京人办红白喜事都讲究在家中搭棚办事。棚子的种类众多，常见的有喜棚、丧棚、凉棚。还有些特殊的棚，如庙会上的茶饭酒棚，溜冰场上的冰棚，用来救济施粥的粥棚等。

一般人家，在办红白喜事之前就要到棚铺请人"讲棚"，通过办事的性质、居住环境、院落大小、季节冷热、办事规模等，了解搭个什么形制的棚子。事情商定好，棚铺便会派个工头过来，勘察院落，商量搭棚事宜。通常棚铺应了买卖，就会到附近"街口"找棚匠。所谓"街口"就是棚匠手艺人聚集待雇佣的地方。他们一般选在一家茶馆聚集，边喝茶边等棚铺来派工。

棚匠既是种力气活，也是门手艺活。搭棚的工作，尤其是搭丧棚，时间性很强，要求快速进行，从"讲棚"到交工就是一两天的事情。棚匠被工头找去后，先要运送木板、大绳、竹竿、席箔、席编等原材料和设备，然后就得紧锣密鼓上高搭棚。要求棚架子极其牢固，即使狂风袭来也能稳住不动。整个搭棚的过程一气呵成。过去搭棚的棚匠这样形容自己的活计："我们先当走兽（指拉运材料），后当飞禽（指上高作业）。"⑮

五、凭眼力"打小鼓儿"

北京过去的胡同里，经常会听到清脆的"梆！梆！梆！"声。出门去看，就会看到一个人挑着

中国风俗图志·北京卷

老北京街头打瓢卖山货的

挑子，一头一个圆竹筐，左手拿着个小鼓，右手用个竹签子一下一下地敲。"梆！梆！梆！"的声音就是这个小鼓发出来的。如果家里有些不用的东西，如孩子的旧衣服、破铁锅等，就可以喊一声"打鼓儿的"，就叫住他了，把东西卖给他，换几个钱。老北京人把操这种营生的人称为"打小鼓儿的"，其实就是专门负责收旧东西的人，小鼓就是这个行业的"响器"。"打小鼓的"又分为"打硬鼓儿的"和"打软鼓儿的"。"打硬鼓儿的"打的小鼓直径不到一寸，打出的声音小而尖锐，专门收古玩、瓷器、家具等贵重物品。北京城里一些古玩店的器物，有不少就是"打硬鼓儿的"提供的。"打软鼓的"打的小鼓发出的声音大而低沉，所收的物品都是旧家具、旧衣服、废报纸之类的。"打小鼓的"靠的是眼力、识货能力，一些眼力高的人甚至开起了古玩店。

六、就缸喝酒"大酒缸"

　　大酒缸是老北京的一大特色，分布于北京的街头巷尾，是个京味儿十足的所在。大酒缸实为简陋的小酒馆，往往就是一个不大的小门脸，店内没有桌子，只放着数个大大的酒缸，缸上盖着木板，权当酒桌。顾客进入店内，坐在长条板凳上，就着酒缸喝酒，因而这类酒馆被称为"大酒缸"。老北京人认为在大酒缸喝酒，如果不据缸而饮，便减了几分兴致。⑯大酒缸以零卖的白干为主，下酒的酒菜也极为简单，分为"自制"和"外叫"。"自制"就是酒铺自己做的煮花生、豆腐干、辣白菜之类的冷食。"外叫"是指从外面买的菜，主要是大酒缸没有的凉热酒菜，如口条、猪肝、肥肠、羊肚之类的肉菜。大酒缸虽然简陋，却深受当时人们的欢迎，"不但下层阶级欢迎，就是文人墨客也以为富有诗意，喜欢前去喝二两"。⑰

七、京味糕点饽饽铺

　　老北京把糕点铺称为饽饽铺。饽饽是满族人对各类面食的统称。北京的饽饽铺分四个民族、三种类型，蒙古族和满族的合称"鞑子"饽饽铺，汉族的称为大教饽饽铺，回族的称为清真饽饽铺。老北京人离不开饽饽铺：一是因为爱吃饽饽。二是人们之间的人情走动总少不了馈赠饽饽，到了年节北京有拿点心匣子送礼的习俗。三是一些人生礼仪离不开饽饽，订婚的时候男方要送女方家龙凤喜饼，新女婿上门看岳父母也要带饽饽做礼物；妇女生孩子，

中国风俗图志·北京卷

卖小杂货的

缸炉、糟糕是必不可少的糕点。四是北京人的四时八节也离不开饽饽。北京的饽饽铺除了日常供应大八件、小八件、杏仁酥、龙凤喜饼之类的，还会应时应节供应节日食品，老北京的年节还真离不开饽饽铺。正月里，从初六开市到正月十五，供应元宵；农历四月开市供应鲜花玫瑰饼；五月节则卖江米小枣粽子和五毒饼；到了八月中秋，自来红、自来白月饼一定会齐备好；重阳节则卖重阳花糕；到了十月，萨其马、芙蓉糕又上市了；而腊月二十三糖瓜祭灶，自然开始供应关东糖；到了过年期间，家家供佛祭祖又少不了蜜供之类的糕点。过去的北京城遍布着大大小小的饽饽铺，一些老字号如稻香村、桂香村、大顺斋等，一直延续至今。

八、诙谐吆喝卖估衣

老北京有"四牌楼东、四牌楼西，四牌楼下卖估衣"的歌谣，唱的就是卖估衣这一北京的老行当。卖估衣就是卖旧衣服的意思，过去在北京的庙会、街头经常能见到估衣棚，东四牌楼东的三官庙前曾是北京的"估衣街"。估衣在过去的北京是有很大市场的。买估衣的一般家里不是特别宽裕，但是亲朋往来、出门办事、人情应酬又不能失了体面，因而到庙会、街头买几件"穷人美"的估衣也不失是个好办法。但是买估衣的也不全是穷人，有的人认为自己眼力好、有经验，也愿意淘几件估衣。老北京的估衣行，有估衣铺和估衣摊的区别，但都是在门外支棚设摊，由小伙计一件一件拿起来吆喝着卖。卖估衣的吆喝极尽夸张之能事，是当时北京的一景，传统相声《卖布头》《卖估衣》就取材于此。比如要夸衣服白，吆喝起来是这样的："它怎么这么白？它怎么这么白？它气死头场雪，还不让二场霜。气死了头号的洋白面了吧，那气死赵子龙啊，也不让小罗成。谁见过薛白袍？它压赛小马超哇……"估衣行是个季节性行业，每到秋风飒飒之时，估衣摊的旺季就来了。等到天气转暖，需要穿单衣时，估衣摊的买卖又红火起来了。

九、无本生意卖黄土

老北京有一类生意，被称为"无本生意"。卖黄土就是过去北京常见的无本生意。北京周边黄土很多，许多近郊的农民在农闲的时候，便去挖黄土，赶上大车去城里卖。只要肯出力气，黄土有的是，虽然收入不多，但也能贴补家用，这自然是种无本的生意。黄土为什么能卖

中国风俗图志·北京卷

洗耳图

钱呢？对于北京城里的人来说，黄土的用途真是不少。过去北京冬天主要是生火炉取暖，一般人家都去煤铺买煤回来，称为"叫煤"。煤铺不仅卖煤，也加工煤，把煤加工成煤球。摇煤球时需要在煤末里加入一定比例的黄土，这时候卖黄土的买卖就来了。一些大户人家到了秋天，往往自己买煤贮存起来，家里找人摇煤球，一些走街串巷的摇煤工便有了生计，当然也需要黄土了。相较于煤铺和摇煤球，卖黄土的确是无本生意。春天，北京的许多人家要翻修房子、养花草，也需要很多黄土，卖黄土的生意又来了。过去北京安定门内和东四牌楼的隆福寺前街是北京有名的土市，每天早上都有很多拉土的车聚集在此。黄土虽然不需要本钱，但是还是得卖力气去挖土、拉土，这生意的本钱就是自己的力气。

类似的无本生意还有捞鱼虫，供给宅门里养金鱼的人家；捉蛐蛐、捉蝈蝈、捕鸟等，也都是供给北京爱玩的主儿的。

注　释

① 参见侯仁之主编：《北京城市历史地理》，北京燕山出版社，2000，第222页。
② 同上，第228—229页。
③ 震钧：《天咫偶闻》卷十，北京古籍出版社，1982，第89页。
④ 参见侯仁之主编：《北京城市历史地理》，北京燕山出版社，2000，第236—237页。
⑤ 各类专门的街市名称参见翁立：《北京的胡同》，北京燕山出版社，1992；张双林：《老北京的商市》，北京燕山出版社，2007。
⑥ 参见吴长元辑：《宸垣识略》，北京古籍出版社，1983，第167页。
⑦ 转引自张双林：《老北京的商市》，北京燕山出版社，2007，第173页。
⑧ 参见陈鸿年：《北平风物》，九州出版社，2016，第286页。
⑨ 参见金受申：《老北京的生活》，北京出版社，1989，第394页。
⑩ 参见陈鸿年：《北平风物》，九州出版社，2016，第287—288页。
⑪ 参见张双林：《老北京的商市》，北京燕山出版社，2007，第46—47页。
⑫ 参见陈鸿年：《北平风物》，九州出版社，2016，第68页。
⑬ 同上，第70页。
⑭ 参见齐如山：《北平杂记》，当代中国出版社，2015，第88页。
⑮ 参见常人春：《老北京的民俗行业》，学苑出版社，2002，第146页。
⑯ 参见金受申：《老北京的生活》，北京出版社，1989，第198页。
⑰ 参见金受申：《老北京的生活》，北京出版社，1989，第199页。

书春图

第四章　老北京的岁时与节庆

四时八节构成了一年的生活节律。老北京的各个岁时节庆俱有讲究，形成了历史悠久、内容丰富的节庆习俗。

第一节　年禧

在所有节庆中，春节无疑是最重要的。老北京人把春节称为"年禧"。进入腊月，年的气氛就越来越浓烈，年禧的节奏感也越来越强烈，北京流传着这样的歌谣叙述年的节奏：

老太太，你别馋，
过了腊八儿就是年。
腊八儿粥，喝几天，
沥沥拉拉二十三。

中国风俗图志·北京卷

春节记景

二十三，糖瓜儿粘；
二十四，扫房子；
二十五，糊窗户；
二十六，炖炖肉；
二十七，宰公鸡；
二十八，把面儿发；
二十九，蒸馒头；
三十晚上熬一宿，
大年初一扭一扭。①

一、腊八

老北京的"年禧"从腊八就开始了。腊八起源久远，与古代岁末祭祀诸神的"腊日"相关。先民在腊日以收获之物祭祀祖先和神灵，表达感激，以求庇佑。

腊八这一天，老北京人自然要喝腊八粥。关于腊八喝粥习俗的由来，北京民间有着多种传说，流传最广的是佛祖释迦牟尼在这一天得道成佛，人们喝粥以示纪念。相传释迦牟尼舍弃王位离家修行，在河边晕倒。一位牧女发现后，用随身带的杂粮熬煮成粥喂他，释迦牟尼因而得救，并在腊月初八悟道成佛。腊月初八因而又成了佛教得道日，有了一定的宗教色彩。在这一天各地的佛寺会作浴佛会，诵经施粥。直到今日，北京的一些庙宇，如雍和宫，仍然在是日舍腊八粥。

而对于老北京人来说，喝腊八粥是年禧到来的标识。有句俗语："老太太，别心馋，过了腊八儿就是年。腊八儿粥，喝几天，沥沥拉拉二十三……"从腊八开始，年味儿就一天比一天浓了。过去，到了腊月，粮店就会出售"腊八米"，就是将小米、大米、小豆、绿豆、芸豆等混在一起的杂豆米。人们买回腊八米后再加上小枣、栗子、莲子等干果熬成黏稠的粥，有的人家还会加上红糖、玫瑰花之类的调味。讲究点的只用糯米、薏米、鸡头米、莲子等熬成粥，再铺上果脯、蜜饯，称为"八宝粥"。做好了腊八粥也不是一家子吃，除了供奉祖先神佛外，街坊邻里之间还会相互馈赠，品尝各家的腊八粥。

除了做腊八粥以外，对于老北京的许多人家来说，腊八这一天还是做腊八蒜的日子。

中国风俗图志·北京卷

旧京灯节图

《北平风俗类征》中引《民社北平指南》中的一段记载说："又有于是日以蒜浸醋，封而藏之，至次年新正启食者，曰'腊八蒜'，又曰'腊八醋'。"在这一天，将蒜瓣儿放在罐子里，用米醋浸泡腌制，将罐子口封好，等到大年三十除夕夜吃饺子的时候才打开。这时候泡好的腊八蒜碧绿爽脆，是吃饺子的好佐菜。

对于老北京的商家来说，还有"腊八算"一说，并流传着"腊八粥、腊八蒜，放账的送信来，欠债的还钱"这样的民谚。旧时北京的商家要在这一天拢账，把一年的收支盈亏清算清楚。要债的债主会到欠他钱的人家送信，提醒要准备还钱了。"蒜"与"算"同音，用"蒜"代替"算"，多少可以避免"算账"的尴尬。

二、二十三祭灶

老北京的民谣说："二十三，糖瓜儿粘……""糖瓜儿祭灶，新年来到……"腊月二十三是祭拜灶神的日子，又谓之"过小年"。老北京把灶神称为"灶王爷"，在这一天人们会用"糖瓜祭灶"，即用糖瓜儿、关东糖供奉在灶王爷神像前，意思是把灶王爷的嘴巴黏住，以免他到玉皇大帝那里报到的时候乱说乱奏。也有在灶王爷神像两旁贴上对联的，通常为"上天言好事，下届报平安"。祭祀灶神的习俗源远流长，祭祀之物也不断演变。清代富察敦崇《燕京岁时记》记载："二十三祭灶，古用黄羊，近闻内廷尚用之，民间不见用也。民间祭灶惟用南糖、关东糖、糖饼及清水草豆而已。糖者所以祀神也，清水草豆所以祀神马也。祭毕之后，将神像揭下，与千张、元宝等一并焚之。至除夕接神时，再行供奉。"清代民间就已经用糖瓜祭灶，沿袭至今。

腊月二十三晚饭过后，老北京的人家会将家中炉火生旺，聚在一起，由家中男性家长在神像前供上糖瓜儿、关东糖，有的人家还会给灶王爷的坐骑准备一碟黑豆和一碗清水，意为喂马。家中的男性家长点上香烛主祭，其余人按照长幼依次叩首拜祭。老北京有"男不拜月，女不祭灶"一说，因此一般都是男子拜，女性就不用拜了。也有的男子先拜完后，女子再拜。当香烛燃尽之时，再将香根、灶王码（灶王的神像）、元宝、草料之类的焚化掉，一边焚化，一边还会念念有词："灶王爷，您上天多说好话，坏话少说吧。"祭祀完毕，把关东糖撤下，再把小块碎糖投到灶中，这意思就是用糖来黏住灶王爷的嘴。然后全家分食关东糖。

旧时老北京供的灶王爷分为"金灶""烧灶"。"金灶"是常年奉祀的，有双座和独座之

此项娱乐的
演节从清
代在民间
就已流行
曾传入京
城随时间
的推移此项
娱乐活动
已很难见
到现已近
失传
时在二〇〇三
年初春
海乃写意

旧京娱乐

分。双座即供奉灶王爷、灶王奶奶两位神仙，独座就只供奉灶王爷。"金灶"为木刻版，常年贴在灶火台正面上端，两边贴着对联"上天言好事，回宫讲吉祥"，横批"一家之主"。到了腊月二十三祭灶时揭去焚化，到了除夕再请一份新的。一般的大户人家则不供金灶，只是在腊月二十三这一天去香烛铺请一份"烧灶"。烧灶就是一份水彩印刷的神纸，上面写着"司命之神"四个大字。

腊月二十三对于生意人来说，也是个重要的时间节点。过去北京的商家有"三节"结账的规矩，即在端午、中秋、除夕前将账结清。因此，腊月二十三祭灶开始，各个商家就会派人外出要债。年前还不起债的，就外出躲债。一直到除夕接神的时候，债主才不再讨债，躲债的人才敢回家，所以过去北京有"要命的关东糖，救命的煮饽饽"一说。

三、除夕

除夕，即大年三十，这一天是正式的年禧，是辞旧迎新的日子，也是一年里最为热闹、隆重的日子。人们一大早就要忙碌起来，为辞旧迎新做各样准备。这一天，要将家里打扫干净，贴上对联、门神、窗花、年画，女人们则热火朝天地准备年夜饭。老北京的除夕习俗内容十分丰富，包括供神、祭祖、送财神、吃团圆饭、踩岁、守岁等。

1.供神

过去大多数老北京家里都供着神龛和佛像。到了除夕，一定要摆放一个供桌，称为天地桌，既可以摆放在屋中，也可摆放在院内。天地桌上放一张"天地三界十八佛诸神"的全神码，还有福禄寿三星的画像。在神像前摆上蜜供、苹果、干果、馒头、年糕之类的，称为"全供"。直到接神时，或者破五，或者正月十五，则撤去供桌，将神码焚化。在摆天地桌的这些天里，每天都要烧香。

2.祭祖

祭祖是过去北京除夕很重要的一个礼俗。除夕的团圆，不仅仅是在世的家人，还包括逝去的祖先。老北京人一般都会在正屋设上个供桌，在祖先的牌位前摆上供品。讲究点的会摆上一堂蜜供、一套月饼、一堂苹果，每堂五碗，上簪五支供花，供花有八仙、福寿字等，还要

龙潭湖新年太平鼓大赛

放上干鲜果品、年糕之类的。家境不好的,也会供些炒菜、馒头、饺子、水果之类的,以表孝心。祭祖的时候,由家里辈分最高的人拈香点燃,再将香插入香炉,朝向祖先牌位三叩首,家庭成员再按长幼依次叩拜。

3.送财神

旧时北京除夕送财神是不可缺的习俗。大年三十天刚刚黑,胡同中便会传来"送财神爷"的声音。手拿"财神像"的孩子会挨家挨户地喊"送财神爷来啦",听到声音的人家,就会出门把"财神像"请回家中,供于堂屋。如果家里已经有了不少财神像,不想再买了,也不能说"不要",而要说"已经请到了"。财神像要一直供到正月初二,在初二这一天祭祀财神之后,要将财神像焚化。

4.吃团圆饭

除夕是阖家团圆的日子,家家都要置办年夜饭,称为"团圆饭"。如果这一天,家中有人不能赶回家,也要在桌子上摆一副碗筷,表示他也回家团圆了。团圆饭除了较为丰盛之外,也多有象征意义。老北京的团圆饭必有鱼,但是做而不吃,象征年年有余;饺子则象征金银元宝。虽然各家的年夜饭丰盛程度不一样,但是老北京的人家总少不了"四宝长寿菜",即四样小菜:芥末菜、酱瓜丁、豆豉豆腐、豆儿酱。酒席之中,大家推杯换盏,相互祝福,说着吉祥话,有的人家可以一直吃到很晚。

5.守岁

除夕之夜,还有守岁的习俗。守岁的意义在于,年长的人在辞旧迎新之际珍惜时光,而年轻的有为父母延寿的意思。②除夕之夜是个欢愉的日子,为了守岁,孩子们可以尽情玩耍,点灯笼、抖空竹、放花炮;大人们也可以尽情娱乐。

6.踩岁

大年三十晚上,家家都要踩岁。早在进入腊月的时候,胡同里就有小贩吆喝:"卖芝麻秸!"这芝麻秸就是供大年三十晚上踩岁用的。当天晚上,孩子们最为高兴,会把事先准备好的芝麻秸撒到院子里,从各屋的门口一直铺到大门口。家人来往的时候,踩到上面会吱吱作响,名为"踩岁"。"踩岁"也写作"踩祟",意味着踩掉一年的晦气,迎接吉祥的新年。

春荫

中国风俗图志·北京卷

早春图

四、大年初一

大年初一早上吃饺子,这一天,北京讲究吃素馅的饺子,其中一个饺子里包入硬币,同其他饺子一同煮熟。谁能够吃到这个硬币饺子,就表示新的一年将有好运。吃完饺子,便是拜年了。北京的老规矩,大年初一是给本家同宗拜年,初二给亲戚拜年,初三则可以给老师、朋友、同年拜年。要是路上遇到熟人,也要互相拜年。

初一这一天,除了拜年,到东岳庙上香也是北京的重要习俗。吃完饺子后,家中就会派人去东岳庙上香。但是无论你去得多早,东岳庙门外都已人头攒动,上香的人早已排了长长的队伍。很多人一大清早,在庙门未开之时,便等候在门外,抢烧头炷香。人们相信,在这天能够烧到头炷香,必定有求必应。有的人在上香之后,还会在山门外燃放鞭炮,一时之间鞭炮声响彻山门,此起彼伏。

五、初二祭财神、逛厂甸

1.祭财神

大年初二早晨,老北京的各家各户和商号都要祭财神。一般人家把除夕接进来的财神像夹在木制的夹子上,摆上供品,焚香祭拜。而商家尤为重视祭财神,大多用猪肉、羊肉、酒、茶做供品。像同仁堂、八大祥这些老字号,则更为隆重,在祭财神时更加讲究,用的是五宗大供,即整猪、整羊、整鸡、整鸭、红色鲤鱼。祭财神时,掌柜的主持祭祀,依次燃烛、拈香、三叩首。等到香烛快要燃尽之时,再由主祭人领着大家依次三叩首。最后将财神像、香根、黄纸等放到院中与芝麻秸一起焚化,同时燃放鞭炮。在初二这一天,除了在家中祭财神外,老北京的商家和住户还会专门到广安门外的五显财神庙祭财神、借元宝。五显财神神像下放着许多用金银锡箔制成的"元宝",如果能趁人不注意"借"得几个,寓意来年将会发大财。第二年若生意兴隆,则要加倍还回。

2.逛厂甸

在春节期间,北京绝大多数的街道因为休市而变得宁静起来,琉璃厂却非常喧嚣和热闹,因为这里有春节厂甸集市。那儿人挤人,完全可以用"摩肩接踵"来形容,想痛痛快快地

夏日闲情图

走几步都很困难。琉璃厂,北起新华街,南到虎坊桥,方圆二里之内遍布出售食品、玩具、书画、文物以至日用百货的地摊。其中最有特色的东西是噗噗噔儿、大风车、风筝和大糖葫芦。噗噗噔儿是北京儿童的爱物。早在明代的时候,就有关于这种儿童玩具的记载。刘侗、于奕正合著的《帝京景物略》记载:"别有衔而嘘吸者,大声咏咏,小声唪唪,曰倒掖气。"那个时候这种玩具叫作"倒掖气"。噗噗噔儿就是用暗红玻璃料吹成漏斗形状,尺寸大小不等。小孩子用手拿着管子,嘴巴衔住管口,然后一吹一吸,噗噗噔儿的底部被气鼓动起来,就会发出噗噔儿噗噔儿的声音,因而被称为噗噗噔儿。又因为它的样子像个小葫芦,也有人称它"响葫芦"。风车是三五个一簇,而糖葫芦则达到一米长,大多数逛厂甸的游人往往要带回这类东西作为给孩子的礼物。因而噗噗噔儿成为北京厂甸乃至春节的象征。厂甸成为北京春节期间游人最好的去处,似乎不逛厂甸就不算过春节。

六、"破五"

老北京过大年,一般至少五天,从初一开始,到初五为止才算过了年。这五天里,商店停业,戏馆子封箱不唱戏,北京东单、西单、前门大街、大栅栏、廊坊头条这些繁华热闹所在,商家一律上着板儿,贴着大红纸,上书"初六开市"。

对于老北京来说,正月初一到初五有许多忌讳,虽然人们认为这都是些"妈妈论儿"(老北京人把老婆婆们的一些说法、道理之类的称为"妈妈论儿","论儿"就是道理的意思),但还是小心尽量避免犯忌。初五之前不能动刀,认为刀主凶杀;不能动针,动了针会长针眼儿;不能动剪刀,动剪刀会惹口舌是非;也不能扫地,扫地会把家中的财气扫出去,以后就会受穷。旧时,正月初一到初五妇女忌出门,要待在家中,俗称"忌门"。在这些天,大人孩子们不能说不吉利的话,打碎了东西,也要说句"岁岁平安"。对于店铺来说,初一到初五都不开市,掌柜的到处拜年,伙计们也难得轻松,可以聚在一起"耍钱",也可以出去逛庙会。

北京人把初五称为"破五",过了初五,上述禁忌就可以破除了。因而,老北京的初五也是热闹得很,人们要放鞭炮,还要吃顿饺子。吃顿饺子,寓意像捏饺子一样,捏住小人的嘴,避免多生是非。一到初六,各商铺便下板儿开张营业了。掌柜的领着伙计们在神像前上香叩

中国风俗图志·北京卷

秋声秋韵

首,然后出门把神码、香根之类焚化,谓之"送神"。这时候鞭炮齐鸣,伙计们使劲儿摇着算盘,敲着算盘,寓意"响响当当,大吉大利"。这时,店铺打开护窗板,露出了"开市大吉,万事亨通"的对联,新一年的买卖就此开始了。

第二节 元宵节

过了年以后,第一个节日就是正月十五"灯节儿"。灯节儿即正月十五,又称为元宵节、上元节。

早在汉代,朝廷即在正月十五日晚祭祀太一神,《史记·乐书》中载有"汉家常以正月上辛祠太一甘泉,以昏时夜祠,到明而终"。后来历经各朝代,及至唐朝"上元燃灯"成为定制,逐渐演变成今天的元宵节。到了明清时期,元宵节已经成为北京极其盛大的节日,元宵节的各种活动相沿成习。《北平风俗类征》引《京师偶记》载:"京师正月朔日后……元宵节,前门灯市,琉璃厂灯市正阳门摸钉五龙亭看烟火,唱秧歌,跳鲍老,买粉团。十六夜,女子出游,谓之走百病……"元宵节是个狂欢的日子,除了吃元宵,男男女女纷纷走出家门,闹花灯、放烟花、扭秧歌、看杂耍……这些习俗也沿袭至今。

北京的"灯节儿"有三天,正月十五是正日子,十四是"亮灯",十六是"末灯"。张灯、观灯自然是"灯节儿"最重要的习俗。老北京一年当中有两个赏灯、玩灯的日子,一个是上元节,一个是中元节,以上元节最为热闹。明代北京城有所谓"灯市","灯"与"市"合一,兼有娱乐和商贸的功能。元宵节夜晚在街道两旁陈列百货,各商铺则悬挂花灯吸引顾客观灯购物。清代"灯"与"市"分开,出现了专门观灯的街道,前门大街、大栅栏、东四牌楼、地安门鼓楼

雪夜情话多

前都是过去北京张灯、观灯的集中地。商铺为了炫耀字号，搭建灯棚，张灯结彩。较为常见的有十二生肖灯、走马灯、财神灯、动物灯、玻璃灯、三国水浒灯等，更有商铺赛灯、斗灯，竞相悬挂各式花灯，争奇斗胜。元宵节之夜，人们纷纷走上街头赏灯。而家家户户的小孩子，也纷纷提着灯笼四处游玩。除了观灯，猜灯谜也是赏灯时的一大乐趣。灯谜一般放在灯中，猜中者会获得一定的奖品，有些人为此流连忘返。

对于孩子们来说，正月十五最大的乐趣就是放烟花。正月里卖烟花的商家都会在门前搭起一个木架子，主要用来放一种叫"盒子"的烟花。许多老北京人都对"盒子"记忆犹新。这种烟花有六七层，每层有每层不同的玩意儿，需要高高地吊起来放。"盒子"点燃后，一层一层往下掉，有的是"八仙过海"，有的是"天女散花"，有的是"五子闹学"……每一层都有不同的故事。③

除了看花灯、放烟花，元宵节这一天还会有形形色色的秧歌、杂耍吸引着人们。高跷、中幡、舞狮、盘杠子、小车会，在这一天北京城的各类花会都会尽情展现，热闹非凡。

正月十五过后，老北京的元宵节仍然延续着。自明清以来，北京在正月十六夜有"走桥摸钉"的习俗，又称为"走百病"。《宛署杂记》有这样的记载："正月十六夜，妇女群游祈免灾咎，前令人持一香辟人，名曰走百病。凡有桥之所，三五相率一过，取度厄之意。或云终岁令无百病，暗中举手摸城门钉一，摸中者，以为吉兆。是夜弛禁夜，正阳门、崇文门、宣武门俱不闭，任民往来……"这一天夜里妇女们相伴过桥，过了桥就意味着可以驱除疾病，可以保一年不会腰腿疼痛。这天夜里妇女们还会去摸城门上的门钉。老北京人认为摸门钉可以生男孩，大概是"钉""丁"同音，寓意生男丁。如今，正月十六走百病的习俗虽然不那么普遍了，但走桥摸钉的寓意多多少少还存留在老北京人的生活中。

凑热闹

第三节 二月二龙抬头

  农历二月二，正是万物复苏的日子，谓之"龙抬头"。虽然这是个不大的节日，但在这一天，北京有许多有趣的习俗。

  在这一天，老北京人讲究熏虫。《帝京景物略》记载："二月二龙抬头，煎元旦祭余饼，熏床炕，曰熏虫儿，谓引龙，虫不出也。"即在这一天，人们要将元旦时祭祀祖先或神灵剩下的糕饼，用油煎炸，以油烟气熏床或炕，据说这样就可以引龙出，各种害虫无法藏伏。与之类似的，在这一天，还有"二月二，照房梁"一说。北京有一句俗谚曰："二月二，照房梁，蝎子、蜈蚣无藏。"在二月二这一天，人们将过年时祭祀用剩下的蜡烛，点着后照屋中房梁、墙壁及各个角落，以驱逐蝎子、蜈蚣等害虫。这个其实就是打扫房屋、消灭害虫，有清洁环境卫生的意义。

  农历二月，正是新鲜蔬菜刚刚上市的季节，老北京人将品尝新鲜蔬菜称为"咬春"。在二月二这天，人们还给各种吃食冠以"龙"字。《燕京岁时记》记载："二月二日，古之中和节也，今人呼为龙抬头。是日，食饼者谓之龙鳞饼，食面者谓之龙须面。"

  最常见的当然是吃"龙须面"，有的也管吃面条叫"抽龙筋"。面条的种类很多，最令老北京人垂青的还是炸酱面。吃春饼谓之"吃龙鳞"，老北京人吃春饼还要配炒合菜。合菜就

是把瘦猪肉切成丝,和粉丝、菠菜、豆芽、韭菜、蒜黄等一起炒。吃饺子谓之"吃龙牙"。还有"吃懒龙",老北京人把"懒龙"也称之为"肉龙",其实就是肉卷子。因卷好的肉卷放在笼屉里,好像一只贪睡不动的龙,而名之为"懒龙"。

除了熏虫、照房梁、咬春,二月二还是已出嫁的女儿归宁的日子。老北京有句俗语"二月二接宝贝,接不来,掉眼泪儿"。每年到了这一天,有女儿嫁出的人家便会到女儿的婆家接女儿回娘家住上一段时间。北京人把嫁出去的闺女称为姑奶奶,因此这又称为"接姑奶奶"。

接姑奶奶的日子是在二月二,但是娘家人要提前派人跟婆家商量,询问可否让女儿二月二回娘家过几天,这是基本的礼数。如果婆家这段时间没有什么事情,女儿就可以二月二归宁了。在归宁前,女儿要跟婆婆商量好回家住几天,什么时候回。如果婆家事情多,就住不了多长时间,回家的日子商量好了,娘家人还得向婆家的大姑子、小姑子嘱托一番。女儿回了娘家,免不得婆家的人要受累担待。这虽然是客气,但也是少不了的礼数。

到了二月二这一天,要回娘家的媳妇便会早早起来,把家务事做完,甚至多做些。这既是为了跟婆婆表明自己的勤快,也是在走之前尽量留下个整洁的好印象。吃过早饭后,娘家人便来接姑奶奶了。如果有了孩子,往往还会带着孩子回娘家过段日子,这就是"小宝宝住姥姥家"。女儿一旦回了娘家,便是姑奶奶了。在老北京的家庭中,姑奶奶的地位是比较高的。娘家迎姑奶奶回来,要办一桌丰盛的家宴。在娘家的这些日子里,姑奶奶可以尽情地玩乐,是一段非常闲适、快乐的日子。等到要回婆家时,全家人还要团团圆圆再吃一顿,然后由母亲把姑奶奶送回婆家。

第四节 清明节

清明节是我国重要的传统节日，是人们寄托哀思、缅怀逝者的日子。老北京人扫墓的日子并不在清明当天，而是在临近清明的单日举行。据说，旧时只有僧人才在清明当天扫墓。

清明节祭扫的方式是多样的。有的人会到坟地祭扫，修整坟茔，清除杂草，给坟头添添新土，还要在坟头压上纸钱。

有的人则在祠堂或家宅正屋中设置供桌，放上供品，燃上香烛，全家人行礼叩拜。然后在门外"烧包袱"，即在门外画一大圈，朝坟地的方向留有缺口，在圈外烧三五张纸，谓之"打发外祟"。④所谓"包袱"，也叫作"包裹"，就是阳间寄给阴间的邮包。旧时，包袱皮是白纸做的口袋，上面写有亡人名讳；有的还印有梵文音译的《往生咒》，以及写有亡人姓名的莲座牌位。包袱里装着冥钱。冥钱种类很多，有的是砸上四五个圆钱的大烧纸，有的是用金银纸箔做的穿成串的元宝，有的是印有"天堂银行""地府阴曹银行"字样的冥钞。

老北京清明节的另一个习俗，就是在这一天去城隍庙烧香。城隍庙里供奉着城隍爷，每年清明时节香火最盛。城隍庙开放之时，人们纷纷去庙内焚香、求签、问卦、叩拜、还愿，有为亡人乞求冥福的，也有乞求消灾解难、出门平安的。北京城有多座城隍庙，有的城隍庙在清明节期间还会有庙会，庙内搭台唱戏，庙外则是百货陈列的庙市，非常热闹。

清明节正是草长莺飞的时节，在扫墓寄托哀思的同时，人们也借此踏青游玩。祭扫结束后，在野外放风筝、荡秋千、聚餐饮酒。北京还流传着这样的童谣，"清明不戴柳，死后变黄狗"。在这一天，妇女儿童们还会戴上柳条扎成的帽圈，在扫墓回城的车上插上柳枝，回家后在屋檐下也插上柳枝。清明节既是扫墓的日子，又是踏青的时节。

第五节 端午节

农历五月初五端午节，是传统的"三节"（春节、端午节、中秋节）之一，被老北京人称之为五月节，是自春节之后最重要的节日。北京的端午节不限五月初五当天，自五月初一至初五都是端午节，五月初一称为"小五月节"，初五则称为"大五月节"。作为"三节"之一的五月节内容极其丰富。

一、吃粽子

和全国大多数地方一样，粽子是端午节的标志，是必不可少的节俗食物。北京的粽子不同于南方。南方的粽子种类繁多，有肉粽子、豆沙粽子、蛋黄粽子等，而且大多是要热着吃。北京的粽子则不一样。从过去卖粽子的吆喝中就可以看出来北京粽子与南方粽子的不同："江米儿，小枣的，凉凉的大粽子。"北京的粽子大多是小枣粽子，而且要吃"凉凉的"。旧时，到了农历四月，就有卖粽子的小贩推着木制的独轮车走街串巷卖粽子。车上放着长圆形的木盆，装着小枣粽子和江米藕，一边推车一边吆喝。

二、吃过水面

老北京的端午节除了要吃粽子，还会就着蒜来顿凉丝丝的过水面。在还没有自来水的年月里，很多院子里都有水井。端午之时天气已经炎热起来，这时候从水井中打出拔凉的井水，倒入已经煮熟的面中过水。再放上些黄瓜丝、黄豆、豆芽、萝卜丝，浇上芝麻酱，最后再浇上酱油、香油、花椒油调和成的三合油，一碗清凉爽口的过水面就制作好了。⑤

农历五月正值盛夏开始，天气越来越炎热，各种灾疫往往接踵而至，因而我国古代又称五月为"恶月"，《荆楚岁时记》中就有"五月俗称恶月，多禁"的记载。老北京也流行着"善

正月,恶五月"的说法,端午节的习俗就有许多避灾驱疫的活动,如饮雄黄酒,挂菖蒲,剪纸葫芦,贴天师符,挂钟馗像,给孩子佩戴朱砂袋,妇女佩戴小绒老虎、榴花等。

三、饮雄黄酒

老北京有"饮了雄黄酒,百病都没有"的俗谚。每逢端午节家人聚会,在宴席上要饮雄黄酒,以示驱除五毒(蛇、蜈蚣、蝎子、蜘蛛、蟾蜍),赶走疾病。除了喝雄黄酒,大人们要给小男孩的鼻孔、耳朵乃至肛门上抹上雄黄酒,防止五毒侵入。还要蘸上雄黄酒在孩子的脑门上画个"王"字,称为"画王老虎",寓意老虎为百兽之王,可镇住百怪。雄黄酒还会用来挥洒到墙壁、床底下,以趋避毒虫。

四、挂菖蒲、艾草

老北京有"清明插柳,端午插艾"之说,艾草和菖蒲也是用来除"五毒"的节日之物。艾草、菖蒲气味浓烈,人们相信在门前挂上艾草、菖蒲,能够辟邪驱鬼,消除疾病。而菖蒲的叶子如利剑一般,把菖蒲挂在门楣上,能震慑恶鬼,让其不敢进屋。端午节前,便有小商贩从郊区河滩上采来菖蒲、艾草,卖给居民。各家各户都会买来菖蒲、艾草挂在家门上,也有的人家会饮菖蒲酒,穿上蒲草鞋过节。

五、贴纸葫芦花

老北京人过端午节还有贴纸葫芦花的习俗。葫芦花是用纸剪成的"五毒"图案。最为常见的葫芦花是以红毛纸剪成个葫芦形状,上面刻上蛇、蜈蚣、蝎子、蜘蛛、蟾蜍这些五毒图案,意为用宝葫芦把五毒给镇住。一般家里自己剪的葫芦花则比较简单,就是剪个葫芦,下面有朵花即可。五月初一就把葫芦花贴在家里,到了五月初五午时揭下来扔掉,有"扔灾"的意思。

六、贴天师符、挂钟馗像

旧时,北京过端午还要在家中贴天师符、挂钟馗像,这也是用来驱逐恶鬼的。《北平风俗类征·岁时》记载:"五月初一至初五为端阳节……家家于门前挂蒲艾,贴五雷天师符以禳不祥……又有于是日午时以朱墨画钟馗像,以鸡血点眼,俗称'朱砂判'者悬屋中,谓能驱邪。"旧时端午节之前,人们便会请道士用朱砂在黄表纸上画符箓,是为"天师符"。请回天师符后,于五月初一贴在家中的大门上,以镇宅辟邪。挂钟馗像也是类似的意思。钟馗的画像要用鸡血点其眼睛开光,称为"朱砂判",然后将开了光的钟馗悬挂在家中,驱鬼辟邪。

端午时节,老北京人会给孩子佩戴上朱砂袋,也是为了辟邪。还会戴上香囊,里面装有檀香、沉香、芸香之类的香料,以去除夏天的秽气。妇女在这一天则喜欢佩戴小绒老虎。小绒老虎就是用黄绒做的老虎,老虎口中含着"五毒"之一的毒物,妇女们买来戴在发髻上。五月初六那天,要将绒花扔掉,也有"扔灾"的意思。

当然,虽然端午节的许多习俗都与"辟毒"有关,但是这些节俗给人们的生活增添了色彩,也增进了人们的交往。在作为三节之一的端午节,人们为表祝贺,相互馈赠礼物。亲友间赠送粽子、五毒饼、糕点,大人们给孩子赠送香囊、朱砂袋,家长也会给教书先生赠送"节敬",同行业的相互赠礼为贺。

第六节 中元节

农历七月十五是中元节。中元源自中国古代的三元日,即正月十五为上元,十月十五为下元,七月十五为中元。在中元节,道教宫观中会举行庆贺中元赦罪地官清虚大帝诞辰的仪式,

以超度亡魂。佛教寺院也在这一日举行"盂兰盆会",以解脱"七世父母之厄难"。因而,道教的中元普度和佛教的盂兰盆会都在这一日举行,又都是以"度鬼"为主要内容,老北京人往往就直呼中元节为"鬼节"了。在这一天,各家都要给死去的先人烧包袱。有的到坟地烧化纸钱,有的在家以装有冥钱的包袱当主位,包袱皮上写上地点,用三碗水饺或其他果品为供品,上香行礼后将包袱在门外焚化。老北京的中元节较有特色的习俗是烧法船、放河灯、斗灯会。

一、烧法船

法船本是佛教的一种比喻说法,形容佛法广大,如同船只,能够度人跨过生死海,到达彼岸。佛教传入中国后,寺庙中举行盂兰盆会时渐渐将法船具象化,用彩纸扎成船样,经过僧众念经加持火化可以度人。后来道教全真派举行中元法式时也焚化法船,用以超度亡魂。老北京人又称烧法船为"烧活","活"是一个巨大的纸扎明器,大的有数丈,小的也有一丈多。法船用秸秆扎作骨架,再在其上糊上彩纸,画上各种图案,贴上各种样式的剪纸。法船有"净业船"和"普度船"之分。净业船是佛教居士、善男信女为自己家故去先人扎的;而普度船则是寺庙僧侣超度孤魂野鬼,或者民间团体举办法会用的。因而,两种法船所糊的神鬼就不尽相同。净业船船头站的是鸣锣开道的开路先锋,船舱内站着十六尊者朝拜地藏王菩萨,桅杆之上还有大鹏金翅鸟。普度船船头站的是手持钢叉的"开路鬼",舱内是十殿阎王朝地藏王菩萨,甲板上则相对站着黑白无常。⑥无论净业船还是普度船,这些神鬼和纸船最终都会焚化掉,以示度鬼。

二、放河灯

老北京的中元节还有一项重要的活动,就是放河灯,又写作"放荷灯"。放河灯最初由寺庙兴起,其用意是为了普度水中的落水鬼和其他孤魂野鬼。后来,民间也在这一天放河灯。河灯的一般样式是用彩纸做成的莲花的样子,底下用半个茄子做托,中间插上竹签,再在竹签上插上蜡烛点燃,然后放到河中。河面上河灯点点,连成一线,随水波而动,十分壮观。过去北京有水流的地方就有人放河灯,吸引了很多人观看。

三、斗灯会

对于孩子们来说，中元节也是个玩灯的日子。孩子玩的是莲花灯。莲花灯制作十分简单，用彩纸做成莲花，粘在一个杯口大小的硬壳纸上，中间插上竹签蜡烛，灯下杵着一根秸秆。更简单的，就是在荷叶上插上竹签蜡烛就可以。到了晚上，儿童们成群结队，拿着莲花灯四处游走，称为"斗灯会"。世居北京，后迁到台湾的作家陈鸿年晚年对儿时玩莲花灯仍然记忆犹新：

> 晚饭以后，华灯初上，尤其背街背巷，胡同儿里，小孩子们的莲花儿灯都举起来了！
> ……
> 一到晚上，各街巷，成了莲花灯市了，不过这种莲花儿灯，是小孩儿的玩意儿，也就是从太阳落，热闹到九十点钟，也就完了。所以小孩们都会喊："莲花灯，莲花灯，今儿点，明儿扔！"⑦

第七节 中秋节

农历八月十五是中秋节，老北京人又称之为"八月节"，是传统的"三节"之一。中秋节的起源与古代秋祀、拜月习俗有关，汉代时已具雏形，到了北宋时期定八月十五为中秋节。历经明清，北京的中秋节逐渐形成了祭月、拜月、赏月、吃月饼的习俗。

老北京人又将中秋节称为"团圆节"。中秋之夜，天上月圆，人间团圆。《北平风俗类征》引《民社北平指南》记载，"供月毕，家人团坐，饮酒赏月，谓之'团圆节'"，这一天家家户户要吃团圆饭，家中长幼齐聚赏月饮酒。回娘家的妇女在这一天也须回夫家团聚，象征夫妻团圆。如有人在外不能回家，在家宴上也要留下位子，分食月饼时也要预留一份。中秋之时正是秋收之时，各种鲜果上市，大街小巷遍布水果摊子，北京的前门外和德胜门的果子市最为热闹，节前还有夜市，人山人海，通宵达旦。在这个瓜果丰收的季节，老北京人还有在晚上用瓜果供月，给亲朋好友馈赠瓜果的习俗，因而老北京人又将中秋节称为"果子节"。

一、自来红与自来白

老北京的月饼以"自来红"和"自来白"为主。所谓"自来红"，又叫红月饼，月饼颜色烤得比较深，以白糖、冰糖、果仁为馅儿，外皮画有红色圆圈，圆圈里扎着小孔。自来红用香油和面烤成，是素品。中秋晚上拜月祭神的时候，只能用自来红。自来白就不是素月饼，是用猪肉和精白面烤制而成。自来白的馅儿是什锦的，有枣泥、豌豆、山楂白糖、桂花白糖等多种。自来白外皮全白，又称为"白月饼"，上面盖着红色的小戳，表示是什么馅儿的月饼。自来白因为是由荤油和面制成的，可以当作礼物馈赠亲友，晚上供月祀神的时候就不能用了。旧时，北京还有一种大月饼，名为"团圆饼"，上面刻着月宫桂花、玉兔捣药等图案，专门用来供月。

二、供月

旧时，祭月拜月是北京中秋节的重要习俗。八月初十以后，北京的大街小巷就有叫卖"月亮码儿"的，一边走一边吆喝："买月亮码儿——供佛的月亮码儿。"这月亮码儿就是八月十五晚上供的神码，又叫兔爷码。月亮码儿是用木刻版水彩印刷的"神纸"，最上面印着关公、菩萨、财神、达摩、太阴星君等神佛；无论上面印着什么神佛，神纸下面一定印有月宫玉兔的图案。早在节前，人们就把月亮码儿"请"回家里，放在庭院当中，摆在供桌前。

八月十五月亮东升之时，等到家人聚齐，就在庭院或花园中进行拜月仪式。在拜月之前，事先要放置一个小矮桌当作供桌，用请的月亮码儿当神位。供桌上摆上自来红、团圆饼和各种瓜果（梨因为与"离"同音，不能摆上供桌），供桌两旁摆着两个花瓶，一个瓶子插着鸡冠花，象征月亮里的婆娑树；一个瓶子插着带枝的毛豆，用来祭祀月宫中的玉兔。在人们吃过团圆饭之后，月亮渐渐升起，家中老幼便来到供桌前拜月。老北京有"男不供月，女不祭灶"的说法，主祭的是女家长，领着大人孩子们依次向神位上香、叩首。撤供之后，要将月亮码儿焚化，意为"散福"。拜完了月，一家人就可以在庭院中赏月饮酒，分食月饼、瓜果，称之为"团圆酒"。

三、兔儿爷

对于老北京人的中秋来说，最能够点缀节日气氛的莫过于"兔儿爷"。这是一种泥塑的玩具，是儿童们节日里的最爱。供兔儿爷的习俗，自明代末年以来相沿成习。关于兔儿爷的记载，最早见于明代《花王阁剩稿》："京中秋节多以泥抟兔形，衣冠踞坐如人状，儿女祀而拜之。"明代《北京岁华记》也记载道："市中以黄土抟成，曰兔儿爷，着花袍，高有二三尺者。"

常见的兔儿爷一般都是金盔金甲的将军模样，大的有三尺多高，小的只有三寸。兔儿爷一般是兔首人身，粉白的面孔、长长的耳朵（老北京称之为"犄角"），头戴将军盔，身穿铠甲，肩插大旗，好像一个威风凛凛的将军一般。兔儿爷的头盔上插的野鸡翎只有一根，老北京有句歇后语："兔儿爷的翎子——独挑。"大一点的兔儿爷背上还会背着一把宝盖式的伞或者一面令旗。虽然模样是将军，手里拿的却仍然是捣药的东西，左手托着臼，右手拿着杵，做捣药状。除了将军样的兔儿爷，还有一些反映北京人日常生活的兔儿爷，如剃头的兔儿爷，推车、担水的兔儿爷。更复杂一些的，还出现了整出武戏的兔儿爷，服装、道具等各色行头都跟京戏里一样。最有意思的是，人们还给兔儿爷找了个伴儿，把"兔儿奶奶"请上了供桌。

兔子是温和的动物，但北京的兔儿爷却是"爷"，有作为"爷"的威风，常见的兔儿爷往往骑着坐骑。典型的坐骑是老虎，老虎的凶猛恰恰衬托出兔子的神通广大，这种鲜明的反差也让人不禁莞尔一笑。除此之外，兔儿爷的坐骑还有狮子、大象、孔雀、凤凰、葫芦等。不同坐骑的兔儿爷寓意也不同。以虎为坐骑的兔儿爷，寓意事业兴盛、人脉广博，因为虎是百兽之王。以大象为坐骑的兔儿爷，寓意吉祥如意，因为"象"与"祥"同音。以麒麟为坐骑的兔儿爷，象征着学识广博、学业有成，因为有"麒麟吐书"的典故。还有骑着葫芦的兔儿爷，象征着福禄双全，因"葫芦"与"福禄"同音。

旧时八月十五前后，北京的鼓楼前、西单、东四、前门五排楼的街面上便有许多兔儿爷摊，大小不一、形形色色的兔儿爷，成为街头一景。孩子们常会央求大人到摊前购买，卖兔儿爷的摊前人头攒动。清代《都门杂咏》中写道："儿女先时争礼拜，担边买得兔儿爷。"孩子们买来兔儿爷，除了赏玩，还会模仿成人的样子供兔儿爷玩，名曰"拜佛佛儿"玩。到了八月十五的晚上，老北京的家家户户都会在院子里的东南方向摆上一张八仙桌，供着供品祭月。祭兔儿爷的时候，桌子边上有两样东西，一个是插着鸡冠花的花瓶，代表月亮里的婆婆树；还有一个是带枝的毛豆，因为兔子爱吃。在食品方面，要供"团圆饼"、月饼、瓜果等。供品中必须放藕，代表给兔儿爷剔牙的意思。待月亮东升，家中的女子、孩子便叩拜月亮，然后分食瓜果、月饼，赏月。

老北京人非常喜欢兔儿爷，有关兔儿爷的俗语总是充满戏谑。"兔儿爷拍胸口——没心没肝""兔儿爷出水——两脚泥""兔儿爷洗澡——一摊泥""兔儿爷掏耳朵——崴泥""兔儿爷折跟头——窝了犄角""兔儿爷打架——散摊子""兔儿爷戴胡子——假充老人儿"等。

第八节 重阳节

农历九月初九为重阳节。《易经》中以阳爻为九，将九定为阳数，九月九日就为重九，两阳相重这一天就是"重阳"了。老北京的重阳节习俗主要为登高、赏菊、吃花糕。重阳登高习俗由来已久。古代认为阳九为灾数，为"禁忌之凶日"，九月九日正处于季节转换时期，疾疫容易侵袭人体，古人认为登高可以辟邪驱疫。《燕京岁时记》记载了清代人们重阳登高经常去的地方："京师谓重阳为九月九。每届九月九日，则都人提壶携榼，出郭登高。南则天宁寺、陶然亭、龙爪槐等处，北则蓟门烟树、清净化城等处，远则西山八刹等处。"民国时，北海的琼岛、景山的五亭也成为人们登高的好去处。时至今日，石景山的八大处仍然举办重阳登高节。

重阳登高自然要讲究吃喝。对于老北京人来说，重阳花糕是不可少的节俗食物。过去北京的花糕品种繁多。有的是饽饽铺（糕点铺）烤出来的酥饼，在两个酥饼间夹上枣子、栗子之类的。有的是用发面蒸出来的蒸饼，两饼之间夹上果仁。讲究点的重阳花糕做成九层，像座宝塔，上面还有两只小羊，寓意"重阳（羊）"。重阳节，有的人家会以花糕供奉祖先和神佛。有的人家家庭主妇自己制作花糕，不仅家里食用，还将花糕当作礼物馈赠亲友。

重阳节，老北京还有一个风俗就是要迎接女儿回娘家，称为"归宁父母"。在这一天，有女儿出嫁的人家，父母会把女儿接回家中团聚，让女儿品尝各种花糕，还要取片花糕贴在女儿的额头上，意为祝福女儿"百事俱高"。因而，重阳节这一天也称为"女儿节"。

第九节 十月一送寒衣

农历十月初一是一年中的三大鬼节之一，老北京有句俗语叫"十月一，鬼穿衣"，这一天人们要给故去的亲人送去寒衣。所谓的"寒衣"，就是用五色纸剪成的衣裤。人们把寒衣和冥钱装入包袱里，包袱皮上再写上故去先人的姓名。到了十月一，有人去坟地烧包袱，更多的人家是在家门外焚化。十月一烧包袱时要十分细致，要把送去的寒衣和冥钱烧得一干二净，人们认为只有这样，故去的亲人才能收到衣服和钱财。在送寒衣时，还讲究在十字路焚烧点纸钱，用以救济那些无人祭祀的孤魂野鬼，以免给亲人烧去的过冬之物被他们抢去。这一习俗称为"打发外祟"。[8]

注 释

[1]王文宝编选：《北京民间儿歌选》，浙江人民出版社，1982，第121—122页。
[2]参见常人春：《老北京的风俗》，北京燕山出版社，1996，第103页。
[3]参见陈鸿年：《北平风物》，九州出版社，2016，第251页。
[4]参见常人春：《老北京的风俗》，北京燕山出版社，1996，第121—122页。
[5]参见北京民俗博物馆编著：《老北京传统节日文化》，商务印书馆国际有限公司，2010，第124—125页。
[6]参见北京民俗博物馆编著：《老北京传统节日文化》，商务印书馆国际有限公司，第2010，152页。
[7]陈鸿年：《北平风物》，九州出版社，2016，第275页。
[8]"打发外祟"的习俗参见北京民俗博物馆编著：《老北京传统节日文化》，商务印书馆国际有限公司，2010，第210页。

中国风俗图志·北京卷

财源广进 儿女双全

第五章 老北京的人生仪礼

人生仪礼是人的生命历程中经过重要节点时具有一定仪式的行为过程。这一过程既是讲究仪式规制的"礼",又是具有地方特色的"俗"。北京人讲"礼",重视"礼",其人生是礼俗交织的一生。在老北京人眼中,人生礼仪中有两件事情最为重要:一是生下来三天的"洗三",另一个是死去三天的"接三"。从"洗三"到"接三",老北京人的一生都浸润在礼俗中,这些礼俗不仅仅标识着人生的不同阶段,也是家庭、家族、社会、文化对其特定角色的认定。

第一节 诞生仪礼

诞生仪礼标识着人生的开端。一个初生的婴儿,经过诞生仪礼,在亲友的庆贺、祝福中,获得了家庭、亲属的认可,从而成为一个真正意义上的"人"。老北京的诞生仪礼以"洗三"最为重要,还包括其后的满月、百日、抓周等礼仪。

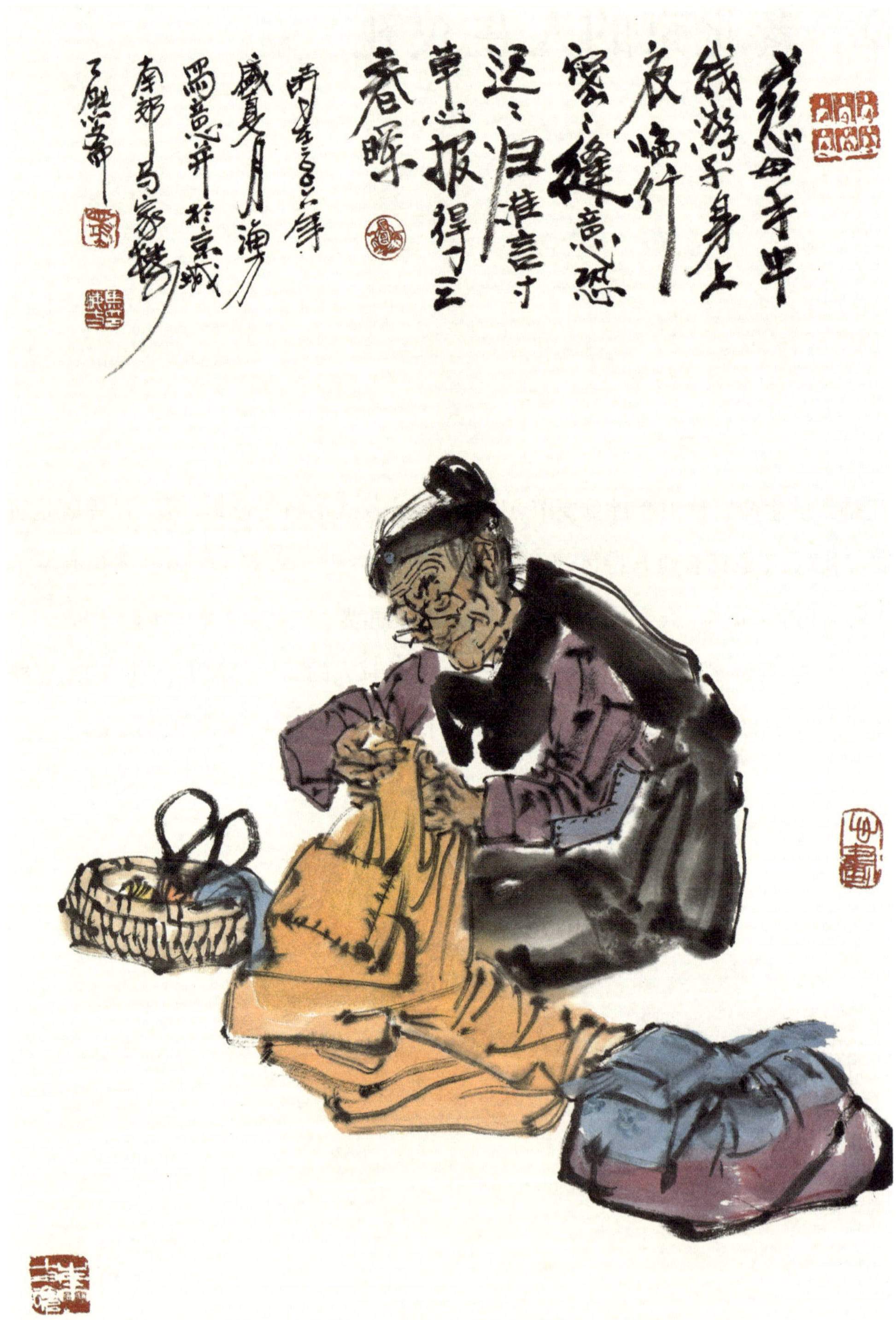

中国风俗图志·北京卷

慈母手中线

一、洗三

所谓"洗三",就是在婴儿出生第三天举行的沐浴仪式,也叫"三朝洗儿"。洗三的用意,就是洗去婴儿"前世"带来的污秽,祈福孩子今生平安吉祥。老北京人非常重视洗三,在其眼中,无论是帝王还是平民百姓,都得洗三,这是人生的大事。传说,北京雍和宫法轮殿"五百罗汉山"前有个"鱼龙变化盆",就是当年乾隆洗三用的。即使是再穷困的家庭,也要给孩子洗三,请人吃顿"洗三面"。

1.吉祥姥姥

过去,老北京"洗三"的仪式专有"吉祥姥姥"来主持。吉祥姥姥又被称为"收生姥姥",即稳婆,就是负责接生的。吉祥姥姥家门口挂着小幌子,上写"快马轻车,某氏收洗",其主要的业务就是"收"和"洗",即接生和洗三。请她收生的人,通常在产妇临盆前三四个星期就约定好,称为"认门"。在小孩生下三天后,孩子家人会再请负责接生的吉祥姥姥给孩子洗三。

2.洗三仪式

洗三仪式通常在午饭后举行。吉祥姥姥先摆上香案供品,供奉碧霞元君、琼霄娘娘、云霄娘娘、送子娘娘、豆疹娘娘、眼光娘娘等十三位神像,产妇卧室炕头也供着"灶公""灶母"神像。叩首祭拜完毕,吉祥姥姥把婴儿抱起,就开始"洗三"了。

婴儿父母已预先熬好槐条蒲艾水。洗的时候,婴儿家里人要往洗三的盆里加一勺清水,放一些钱币,称为"添盆",也可以放些枣子、栗子、桂圆、花生之类的。放入清水时,吉祥姥姥就念"长流水,聪明伶俐";放入枣子、栗子、桂圆、花生之类时,就念"早立子,连生贵子;桂圆、桂圆,连中三元"。"添盆"之后,吉祥姥姥就拿棒槌往盆里一搅,念:"一搅两搅连三搅,哥哥领着弟弟跑。七十儿、八十儿、歪毛儿、淘气儿,稀里呼噜都来啦!"然后才是给婴儿洗澡。如果婴儿受惊哭出来,谓之"响盆",是吉利的兆头。吉祥姥姥一边洗一边念念有词:"先洗头,做王侯;后洗腰,一辈倒比一辈高;洗洗蛋,做知县;洗洗沟,做知州。"随后,把艾叶球点着,以生姜作托,放在婴儿脑门上,象征性地灸一灸,口里也念念有词。还会用鸡蛋在婴儿脸上滚一滚,寓意婴儿脸蛋白嫩。再用大葱往孩子身上打三下,念道"一打聪明,二打伶俐,三打明白",再让人将葱扔上屋顶,意为聪明绝顶。又拿起秤砣,念道:"秤砣儿小,压千斤。"[①]

洗三后,吉祥姥姥就将娘娘神码、灶公灶母神码焚化,并念道:"灶公、灶母本姓李,大

搧洋画儿

人孩子交给你；多送男，少送女。"最后再将焚化后的东西用红纸包上，压在炕席下，以保佑大人孩子平安。②

洗三这天，孩子家人请来近亲，富裕的人家会摆上酒席，普通人家也会炒上几个菜，但主食必须是面，称为"洗三面"。

二、满月、百日与抓周

洗三之后，婴儿还会经历满月、百日、抓周等仪礼。

1.办满月

老北京人把婴儿出生一个月时的庆贺仪礼称为"办满月"。办满月这一天，婴儿母亲的娘家人和其他亲友要带着礼物到场祝贺。这一天，要将孩子的胎发、眉毛都剃掉，仅仅留下额头顶部的一撮"聪明毛"和脑后的"撑根发"，这叫作"落胎发"。剃掉的胎毛要用红布包着收藏起来，或者挂在床前辟邪。到了满月，孩子就可以抱着去姥姥家了，老北京人称之为"挪臊窝"。到了姥姥家或者亲戚家，孩子的长辈见着了，都要给孩子钱。钱用红纸包着，用细线挂在孩子的脖子上，这种做法叫"挂线"。等到回家后，孩子的奶奶会把钱取下来，边取边念道："走得好，来得好，丫头小子白头活到老。"③

2.百禄

孩子满一百天，要给孩子办百日庆典，老北京人称之为"百禄"。婴儿的父母会向亲朋邻里讨要各色图案的花布头，拼接起来，做成"百家衣"，意为"穿百家衣，吃百家饭"，孩子好养，能够健康成长。前来庆贺的亲朋好友，送的礼物也多有寓意。比较常见的是"长命锁"，寓意"锁住生命，长命百岁"。还有给孩子送虎头鞋、虎头帽的，老虎头上绣着"王"字，意为用老虎给孩子壮胆、辟邪，孩子也虎虎有生气。

3.抓周

周岁生日是小孩诞生仪礼中的最后一个高潮。除了要办酒席之外，周岁这天还要举行"抓周"仪式，来预测孩子将来的前途和天赋。抓周要在中午吃"长寿面"之前进行。这时孩子穿着新衣服，在其面前摆上具有不同寓意的各类物品。男孩通常是印章、书、笔、墨、砚、

私塾图

算盘、账册、首饰、胭脂、玩具之类的，如果是女孩还要加上铲子、勺子、剪刀之类的。如果孩子抓到印章，则表示孩子长大后官运亨通；抓到笔墨等文具，则表示长大后好学，下笔有文采；抓住算盘，表示善于经营理财，财运旺盛；若是抓到吃食，则谓孩子长大有口福，懂得及时行乐。女孩子抓住铲子、勺子之类，则表示长大后擅长料理家务。

三、跳墙与还童儿

过去医疗卫生条件不好，孩子出生后容易夭折，为了使孩子能健康成长，老北京流行着许多为孩子消灾祛病的习俗，比较常见的有跳墙、还童儿。

1. 跳墙

如果孩子体弱多病，"不好养活"，旧时北京有的人家就把孩子送到庙里，当"跳墙和尚""跳墙道士"或者"跳墙喇嘛"，希望神佛庇佑，为孩子消灾祛病。所谓"跳墙和尚""跳墙道士"或者"跳墙喇嘛"并不是真正地出家修行，仅仅是在庙里认个师父，挂个名，当个"记名弟子"。师父会给小弟子送一个红封套，里面有红纸写着"皈依三宝弟子法名某某"，再将一挂用红绳拴着三枚铜钱的"锁"和一挂佛珠挂在孩子脖子上。随即再和庙里僧众举行个礼佛仪式，这就算"出家"了。跳墙和尚平日里都不用到庙里，只是在宗教节日那天跟着父亲去庙里"随喜"，给师父和庙内僧众布施些礼物。等到了一定年龄，再举行一个跳墙仪式，便视为还俗了。什么时候跳墙还俗，并无明确的规定，但至少必须要在结婚前三日举行跳墙仪式。跳墙仪式也较为简单，在殿前设一条板凳，上面搭着五尺红布，表示寺庙的红墙。师父把原来挂在孩子脖子上的三枚铜钱串成的"锁"剪掉，宣布孩子不再是和尚，用戒尺比画一下表示责罚，这时孩子将僧袍脱下，跳过板凳，不回头地跑出一百多步即可。小孩从庙内跳墙跑出来，见到澡堂、理发馆就洗澡、剃头，表示一切重新开始。

2. 还童儿

旧时北京，人们普遍信仰"天仙圣母碧霞元君"（俗称"老娘娘"），认为孩子是老娘娘给的。如果孩子体弱多病，有的人家就花钱到冥衣铺请人糊一个小纸人，上面写上孩子的名字。等到娘娘庙开庙的时候，由孩子的母亲到庙里进香，把小纸人焚化掉。这个纸人就是

私塾图

孩子的替身，纸人焚化掉，意思是把孩子还给碧霞元君老娘娘了。老娘娘既然收了孩子的替身，自己的孩子就容易养活了。北京的娘娘庙众多，经常有人去还童儿，以期孩子祛病消灾。

第二节 结婚仪礼

结婚是人生的大事、喜事，结婚仪礼自古以来就繁复多彩。关于婚姻的仪礼，我国古代有"六礼"之说，即纳采、问名、纳吉、纳征、请期、亲迎。老北京的婚礼虽然在不同时期内容有所差异，不同社会阶层婚礼的隆重程度不同，但是结婚的仪式过程基本上遵从了"六礼"的程序。

一、提亲

提亲就是"六礼"中的纳采，也叫保亲，俗称说媒。旧时有"父母之命，媒妁之言"的说法，老北京人结婚大多需要媒人的介绍，这是基本的礼仪。过去的妇女一提到自己的婚配，往往会有这样的说法：姑奶奶是三媒六证、明媒正娶的。可见，当时有媒人保亲，体现的是婚姻的庄重。旧时男女双方到了婚嫁年龄，便有媒人上门说亲。除了父母的亲友上门说亲的，还有专门从事保媒拉纤的中老年妇女，就是所谓的"媒婆"。媒婆眼观六路、耳听八方，留心打听各家情况，见到谁家的小小子、小姑娘到了结婚年龄，便主动上门说亲。有的是男女双方各有媒人，有的是由一位媒人两头说合。媒婆跑东家，串西家，巧嘴说合，一旦说合成了，完成婚礼，两家都会准备礼物"谢媒"。

童年记忆

经过媒人的介绍，如果双方父母都同意，就要过"门户帖"，介绍男女双方及其家里的情况，这就是"六礼"中的"问名"了。门户帖就是红纸折子，上面写上姓名、年龄、籍贯，以及曾祖父母、祖父母、父母三代的名号、身份、职业之类的，再交由媒人传递给对方看。

其后，男方父母去女方家探视，看看是否门当户对，女方家境、相貌、品行如何，能否操持家务，最好是"上炕一把剪子，下炕一把铲子"，就是既会针线活又会做饭。

在整个过程中，男女双方并不能直接见面、交谈，都是父母、媒人代为传递信息。到了民国时期渐渐兴起了"相姑爷"。男女双方在媒人的陪同下，约好时间、地点，一般是在庙会上或者戏园子里，远远地瞅几眼，看看身体、相貌如何，也说不上话。因此，旧时的婚姻中，男女双方多是比较被动地被安排。其后，伴随着社会发展，男女双方自由恋爱越来越为社会所提倡，这些礼俗便衰微了。

二、合婚

经过以上问名，如果男女双方家长没有异议，在换完门户帖后，就会交换"八字帖"，老北京人称之为"批八字"。这一过程叫作"合婚"，相当于"六礼"中的"纳吉"。"批八字"就是看双方的八字是否合适，看完八字之后，还要看双方的属相是否相合。过去，八字、属相相合是合婚的重要条件。老北京流传着一些属相上的说法："青兔黄狗古来有，红马黄羊寿命长，黑鼠黄牛两相旺，青牛黑猪喜洋洋，龙鸡相配更长久……"[④]如果是这样一些属相婚配，就是非常吉利的。当然还有属相相克的说法。一旦出现属相相克，双方就不合适了，婚配就不用再进行下去了。如果有的八字犯忌还硬要婚配，也有破解办法。一般的做法就是塞点钱给算命先生，在八字上做些手脚，使之不再"犯忌"，并开个"合婚八字帖"（俗称"龙凤帖"）就可以了。

三、放定

合婚之后，就是"放定"了。老北京有这样的童谣："小姑娘做一梦，梦见婆婆来下定，真金条，裹金锭，扎花儿裙子，绣花儿袄。"歌谣中的"下定"就是放定，放定的主要内容就

童趣图

男方给女方送礼。放定又分为"放小定"和"放大定",北京俗称"放小帖"和"放大帖",放小帖即为"六礼"中的"纳采",放大帖为"六礼"中的"纳吉"。

1.放小定

放小定可以很简单,男方送给女方一个或一对儿戒指即可。讲究点的人家,放小定时送女方四样首饰:戒指一个或一对、镯子一对、耳环一对、项圈一个。至于歌谣里唱的"真金条,裹金锭,扎花儿裙子,绣花儿袄",那已经是比较丰厚的了。放完小定后,即将成婚的姑娘便要改变发型。之前姑娘留辫子时不扎辫根,放小定后就要用红绳把辫根扎起来;如果姑娘留着鬓角发,放小定后就要剪成齐眉穗。⑤发式的改变,就是告诉大家这个姑娘已经订婚了。放小帖时并不规定婚期,正式确定婚期得到放大定的时候。

放小帖后,男女双方家里就会忙着准备婚礼了,女方准备嫁妆,男方准备彩礼。在此期间,没有什么意外的话,这门亲事就已经成定局了。接下来就是放大定。放大定,又名"通讯过礼",男女双方规定迎娶的日期,即纳大定礼。

2.放大定

当男方的彩礼准备好了,便会跟女方商议婚期,选定好"黄道吉日",通知亲友举行放大定礼。男方家将两架子食盒,送到女方家中。第一架的上层装着龙凤婚书,以及活鹅一只或两只。龙凤婚书表示"龙凤呈祥",而活鹅是古礼贽雁⑥之意。第二、三层则装着衣服首饰之类。第二架上层,则装有蒸食及肉食品,如龙凤饼及肘子之类。第二、三层则装水果、干果各四盘,如枣子、栗子、花生、柿子、苹果、藕等,各有吉祥的寓意。枣子、栗子代表早立子;花生则代表先生儿,再生女,或子女双生;柿子表示事事如意;苹果寓意平平安安;藕,则代表藕断丝连之意。⑦亲友则根据亲疏远近,给女方回礼,俗称"添妆"。而女方不能把大定礼的物品都留下来,要给男方返还一部分,有的人家则以靴帽、文具及糕饼回赠,表示对未来公婆的回敬,俗称"回盒"。

3.送妆与迎妆

在迎娶的前一日,女方家请男宾四人、六人或八人"送妆",男方也请人"迎妆"。迎妆的物品以"抬"计数,中等人家大多数为二十四抬、三十二抬、四十八抬;富裕人家则从数十抬到数百抬不等;家况不好的,则是十六抬、十二抬。⑧根据家庭状况,抬数不一样,每抬的物品也有"高抬"和"矮抬"的分别。高抬物品较为丰厚,放在茶桌上,一茶桌即为一抬。矮抬则

中国风俗图志·北京卷

童趣图

用柳条筐，里面放着便盆、脚盆之类的生活用品。而对于家庭实在困难的，就仅仅准备女子的常用物品，雇人扛过去，并不上抬。如果抬数比较多，妆奁前面则会安排鼓乐，男方迎接时也要准备鼓乐。

女方送嫁妆后，第二天就是婚礼中最为隆重的迎亲、举办婚礼了。

四、迎亲

北京有这样一首童谣："大姑娘大，二姑娘二，三姑娘出门子给我个信儿。搭大棚，贴喜字儿……牛角灯，二十对儿……娶亲太太两把头，送亲太太大拉翅儿。八团褂子大开襟儿……四轮马车双马对儿，箱子匣子都是我的事儿。……"童谣讲的就是老北京迎亲时热闹的情形。迎亲又叫"亲迎"，是"六礼"中的最后一项，也是整个婚姻仪礼中最为隆重的仪式。

1.搭喜棚

迎亲前需要做好准备，就像童谣中唱的要"搭大棚，贴喜字儿"。"搭大棚"即搭喜棚，老北京人办喜事一般要事先请棚匠，在自家院子里搭好喜棚，以招待宾客。时至今日，一些京郊家庭结婚宴饮的时候仍要搭喜棚。喜棚的棚顶、周边的栏杆都是红色，喜棚四周、窗户边角贴有红色的"蝙蝠"，象征福气，中间则为大红双喜字。

2.娶亲太太

到了娶亲这一日，吉时一到，男方要请一位年长的"全福人"当娶亲太太。所谓全福人就是上有丈夫，下有孙男弟女，属相上不跟新郎新娘相克的人。娶亲太太在婚礼中起着重要作用，她要跟随迎亲队伍上门，引导行礼，还得善于应酬，以应对婚礼过程中遇到的不同的人、发生的意想不到的事情。迎亲的男宾则称为"娶亲老爷"。迎亲时，男方请娶亲太太一人，男宾两人、四人、六人或八人，到女方家娶亲。女方家也请女宾一人，男宾二人、四人、六人或八人送亲。喜轿往返，辅以锣鼓仪仗。新郎要到女方家中拜见新娘的父母，称为"谢亲"。新郎谢完亲即回。⑨在新娘上轿之前，要用一根丝线顺着新娘的脸蛋儿往下绞细汗毛，谓之"开脸"，意思是新娘即将由姑娘转变为少妇。

童戏图

3.跨火盆与"射煞"

娶亲队伍到达男方家门附近时,男方要在院内设火盆,新娘由人搀扶或抬喜轿从火盆上跨过,意为借火来烧掉不吉利的东西,以后的日子会红红火火。新娘下了轿子,手中要抱着宝瓶,瓶子里装着大米和小米,称为"金银米"。新郎要象征性地朝喜轿射箭三次,取驱邪避煞之意,这叫"射煞"。其后,新娘跨过"马鞍",意为从此平平安安。

4.拜天地

北京把"拜堂"也称为"拜天地"。新郎新娘在娶亲太太的主持下,先给天地爷的神位上香,三叩首,然后敬拜高堂和夫妻对拜。拜完后,婚礼主持人会说"送神",有人就会把刚才的香根、神纸、"钱粮"等放在院内盆中焚烧。此时鼓乐声响起,大礼告成,经由婚礼,新娘此时已经成为这个家庭的一分子,完成了身份的转换。

五、洞房仪俗

1.坐帐与撒帐

拜天地后,新郎新娘进入洞房,新郎新娘并坐于婚床,称为"坐帐"。坐帐后,还要"撒帐"。这时候,撒帐要由"全福人"娶亲太太来撒,手里拿着喜果,往床上一撒。喜果必有桂圆、枣子、栗子、花生之类的,每种喜果也各有寓意。娶亲太太边撒喜果边念"撒帐歌":"一撒一团和气,二撒二人和气,三撒三多九如,四撒四季平安,五撒五谷丰登,六撒六合同春,七撒七巧成图,八撒八仙庆寿,九撒九子十成,十撒十全子孙满堂。"⑩

2.露脸、吃子孙饺子

撒完帐,新郎就将新娘的盖头揭下,众人此时见到新娘面目,称为"露脸"。其后,新郎新娘要喝交杯酒,吃子孙饺子、长寿面。子孙饺子由女方家包好带来,由男方来煮,并不煮熟。新娘在吃饺子的时候,人们便问"生不生",新娘则回答"生",这寓意着新娘能为夫家生儿育女。

3.闹洞房

举行婚礼当晚,一般要闹洞房。老北京有"三日无大小"的说法,认为越闹越发,不闹不

童趣图

发,也有"人不闹鬼闹"的说法。闹洞房除了与新郎新娘逗乐以外,也让新郎新娘和亲友们熟悉起来,增加了新房欢乐的气氛,因此也被称为"暖房"。

六、双礼与回门

洞房花烛之后的第二天,新婚夫妇要一同拜祖先和父母长辈,按照长幼顺序拜见全家。拜见父母亲友时,都是夫妇一起,称为"双礼"。

婚礼后第三天,新媳妇要和新郎一起回娘家,与父母亲友们见礼,这就是所谓的"回门"。一般婚礼后第三天的一大早,娘家便派人来接女儿,新媳妇走之前要给公婆叩头告别。到达娘家后,新婚夫妇也照例要给女方父母长辈叩首行礼。见礼完毕,娘家会摆席宴请女婿女儿。饭后,女婿先行回家,女儿则在娘家待到晚上回去。到此时,结婚的礼仪才完全结束。

时至今日,伴随社会变迁,北京人婚姻观念日益多元,婚礼礼俗在内容上也已经发生了很大的变化,但是婚礼仪式的基本过程仍然保留了下来。

第三节 丧葬仪礼

在我国传统仪礼中,家庭中有冠、婚、丧、祭四种礼,其中丧礼和祭礼最为重要。而家庭重要的祭礼活动在后世渐与清明、中元、冬至、十月一等岁时节日合而为一,成为节庆传统的一部分,唯有丧礼始终是家庭内最为重要的人生仪礼。孟子甚至有"养生者不足以当大事,惟送死可以当大事"的说法,直至今日,丧礼仍然是家庭的"大事",是需要家庭全体成员都

葬礼队伍中的吹鼓手

慎重对待的仪礼。丧葬仪礼作为一种仪式过程，相比其他人生仪礼承载了更多的情感、伦理、道德、宗教、政治等意义。丧礼既通过仪式宣告生命的终结，也借助仪式延续生者与亡者的联系，并重新规整因成员逝去而带来的社会关系和秩序的改变。

对于老北京人来说，丧葬仪礼无疑也是所有人生仪礼中最为重要的。一户人家有人去世，老北京人称为"落了白事"，无论家庭境况如何，家人往往都会尽其所能举办符合当时习俗要求的丧葬仪礼。父母亡故的丧葬仪礼则更为重视，一些家庭在父母亡故时，会在门口贴上大幅白纸黑字"当大事"或"可当大事"。历史文化积淀厚重的北京，在丧葬礼仪上尤为繁复，有着一套复杂、细致的礼仪程序，择其要者叙述，入殓、接三、送库、发引为老北京丧葬仪礼的基本程序。

一、入殓

1.小殓

旧时，人到弥留之际，即将离世，称为"落炕"。当家中有人被确认即将亡故，尚未咽气之时，首先要给他穿好寿衣。寿衣，老北京俗称"装裹"，是事先预备好的。穿好装裹之后要"易簧"，即在其断气之前将其从炕上抬到临时的搭床上，汉族多用木板或卸下的门板支床，满族则从杠房叫来"吉祥板"搭床。如果死者上边没有长辈，可以停放于堂屋正中，否则只能停放于偏房。停好灵后，灵床前设一临时供桌，上面摆着一盏"长明灯"和一碗"倒头饭"。"长明灯"以棉花芯蘸油点燃，昼夜不灭。"倒头饭"上插三根秫秸棍，棍尖上各插一个面球，俗称"打狗棒"，用来对付阴间恶狗村的恶狗。饭上还放上三张面饼，称为"打狗饼"，也是用来应付阴间恶狗的。为了防止"诈尸"，还要用绳子将亡人双脚捆上，谓之"绊脚丝"。上述活动，就是小殓仪式。小殓后，家人便跪在灵床前举哀，焚化纸钱，称为"烧倒头纸"，并用棉纸捻成"灯花儿"，浸在油碟中点燃，从灵床前一直摆到大门外，称为"引路灯"。富裕人家还会请来和尚、道士在灵床前念《倒头经》；待念完《倒头经》后，便将早已准备好的纸糊的"倒头车""倒头轿"在门前焚化。此时，汉族人家要在门前挂"挑钱纸"，来给亡人招魂；满族人家则在门前竖起三四丈高的幡，也作招魂引路之用。人们看到"挑钱纸"或幡，便知道这家有人亡故。[⑪]其后，在大殓之前，亡者的家人要给至亲好友报丧，通知他们"探

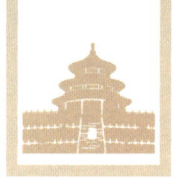

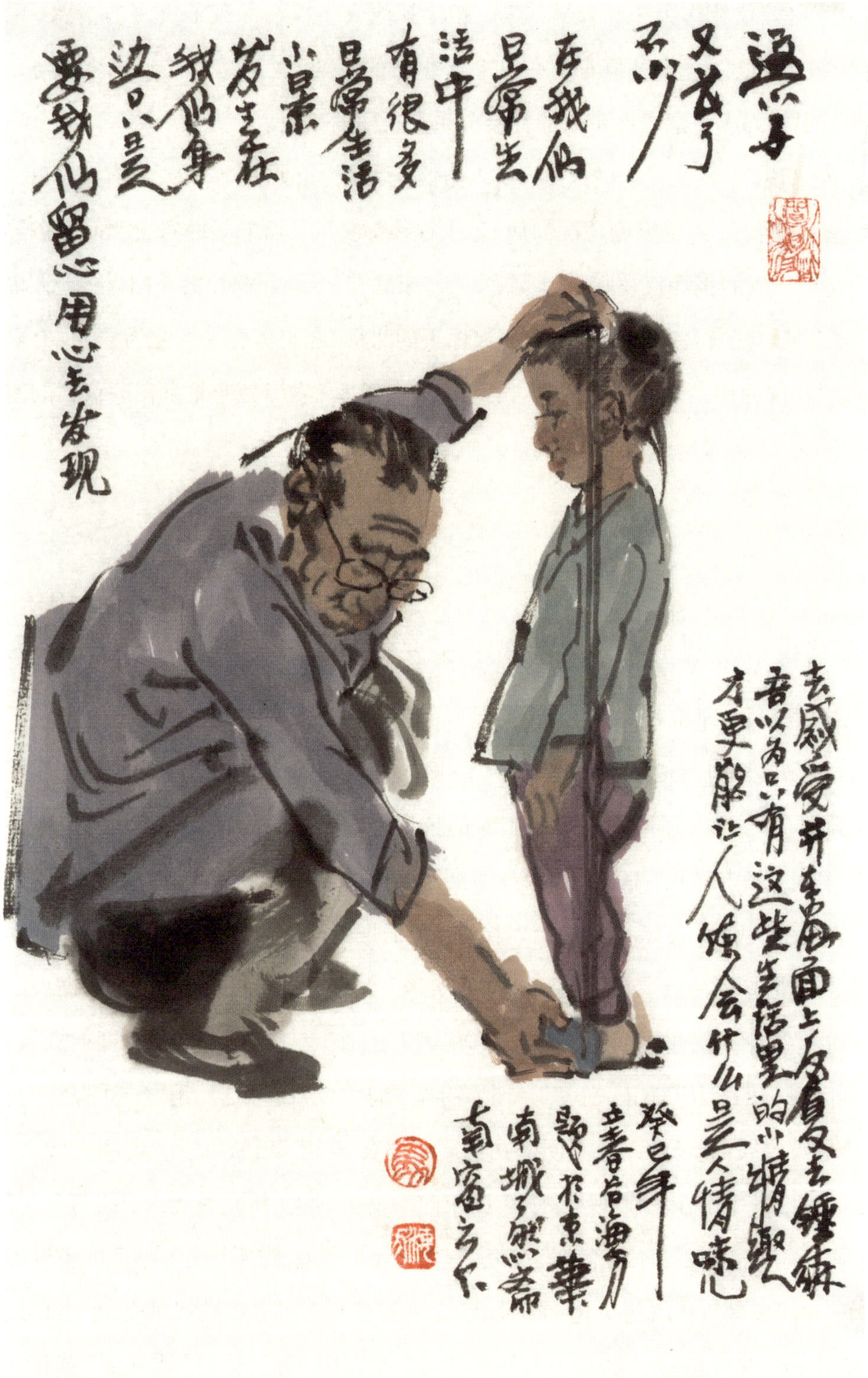
这小子又长了不少
在我们日常生活中有很多日常生活小景发生在我们身边只是要我们留心用心去发现
去感受并表现画面上反复去锤炼
吾以为只有这些生活里的小情趣
才更能让人体会什么是人情味儿

这小子又长了不少

丧"。一般的人家就是口头报丧，官绅富商则会发报丧文告。

2.大殓

大殓就是将亡人放入棺材中，俗称"入木"。入殓时，有的人家将棺木放在灵棚正中入殓，也有的放在堂屋正中。入殓还分为"高殓"和"低殓"，高殓是将棺木放在名为"交木"的长凳上，低殓则直接放在地上。

亡者的家人先要用大烧纸包上锯末，垫在棺材底部，亡人享年多少岁就包多少包；然后在其上摆上七枚铜钱，成北斗七星状，称为"垫背钱"。入殓时，把亡人的绊脚丝扯掉，由长子抱着亡者的头，其他子孙协力在两边把衾单垫褥一兜，口喊"爸（妈），请您迁居啦"，平平稳稳将亡者放入棺材内。棺材内可放上亡人生前喜欢的物品，并将"打狗棒"放入亡人袖口内。遗体放好后，还要进行"开光"的仪式，由长子用筷子夹着湿棉球，擦拭亡人的眼圈，口念"净净眼，眼观六路"；再擦拭亡人的耳朵，念道"净净耳，耳听八方"；再擦拭亡人的嘴，念道"净净嘴，越吃越有"。最后，再用一小块布擦脸，随后用镜子一照，转身将镜子摔碎。亡者亲友一一向棺内探视亡者遗容，作最后告别。最后，杠房的人将棺材盖子盖上，并钉上一根木楔，等出殡时再全部钉死。⑫至此，大殓的仪式就结束了。

二、接三

1.搭丧棚

过去，老北京人家落了白事，都要搭丧棚。在准备装棺入殓之前，亡者的家人就会到棚铺找人商量搭棚事宜。棚铺很快就会派出棚匠，快速搭好丧棚。一般的丧棚为"平棚"，用席子搭平顶，棚顶四周挂上白色、蓝色花纹的挂檐，棚子梁柱上也都裹上蓝色布，尤显肃穆。丧棚内，在亡者灵前设有"月台"，台上摆放灵桌，灵桌后是棺材。前来吊唁的宾客则在台上行礼。丧棚一般还要搭"经棚"，是给僧道念经的地方。

2.停灵

北京有停灵的习俗。停灵源自佛教的说法，人死后一般不能立即转生，未转生的亡灵则为"中阴身"，这期间为七七四十九天，可以超度亡灵，为亡人做功德。停灵的时间因家境不

同而有长短。停灵的日子必须是单数,一般最少三五天,官绅富商有十五天、四十九天的。人死后的第七天为"头七",要"做七",是日要办酒席招待前来吊唁的宾客,请僧道念经。过去,北京的大户人家和外省居京的重要人物往往在庙里办丧事、停灵。嘉兴寺、长椿寺、法源寺、龙泉寺、三圣庵、碧云寺等都是过去提供停灵的寺庙,如孙中山先生1925年在北京逝世,就曾在香山碧云寺停灵。

3.接三

在人死后第三天,有"接三"的仪礼。所谓"接三",有如此说法:"人死三朝,谓之初祭。习俗以亡人三朝必在望乡台上瞻望家中,所以三朝祭祀亡人,希望亡人尚飨,所以称'接三'。因必须送焚明器,所以又称'送三'。"⑬也有这样的说法:人死三天,其灵魂就要正式到阴曹地府中去了,即灵魂被接走了,这就需要在其死后第三天为他延请僧众诵经,积累功德,以资赎罪,从而能被神佛接引到极乐世界。接三,就是神佛在第三天接引的意思。对于神佛是"接三",而对于亡者的子女晚辈来说,则为"送三",意为给亡人准备车马、钱财"送行"。⑭两种说法有所差异。

老北京在丧礼中,尤其重视接三,接三内容也较为丰富,有:

——设门吹

接三本日,丧家会在大门外置大鼓(门鼓)一面(富裕人家设一对门鼓)、锣架一对、号筒一对,设座吹打,称为"门吹"。门吹有早上、午上的区别。早上即八九点就摆好大鼓锣架,开始奏乐。午上是在中午十二点以后才开始奏乐。当宾客过来吊唁时,门吹就奏乐传报。有的人家还会在灵堂月台前设一班"清音",主要由笛子一对、小鼓一面、九音云锣一个或一对、小锣一面、水镲一副组成。当宾客过来行礼上祭时,清音便开始吹奏。

——开烟火

在接三以前不提供饭,在接三供早饭以前,必须先"开烟火",即由亡人的女儿出钱购买一个什锦盒子,经过三行吹打后,上供,叩首,举哀,称为开烟火。⑮经过开烟火后,亡人才能享受肴馔,至此才开始供饭。来宾开席用饭,也须在开烟火之后。

——接三面

老北京有"洗三面""接三面"之说。在接三时用来招待前来吊唁的宾客的席面,不管预备什么酒菜,主食必定是面条,称为"接三面"。接三的席面一般比较简单,孝子则须由茶房引着到每桌席前叩首,谓之"谢席"。

——放焰口

老北京的丧事,最重接三,大多数人家都要放焰口。所谓"放焰口",就是请和尚念经做法事,以赈济鬼魂。《北平风俗类征》有此记载:"北京风俗,遇有丧事,接三、做七、出殡,无不延僧诵经,放焰口,以超度亡灵……夜间施放瑜伽焰口,金铙法鼓,直到天明始止。"⑯接三时,放焰口的时间大多由晚上九点左右至凌晨一两点。

——送三

在天黑之后,夏天在晚上七八点,冬天则在晚上六点以后,要焚化纸活、明器。在僧人的念经声中,亡者的子女亲属们一起高声举哀,孝子孝女哭喊:"爸(妈),您上车吧。"长子打着挑钱纸走在最前,其他子女紧随其后,前来吊唁的亲友们,或手举一股长香,或打着白纸灯笼随之而行。到达附近的广场、城根时,将车马等纸活、明器点火焚化。亡者家人三叩首后,一声大锣,鼓乐全收,孝子则向送三的亲友叩首答谢,送三的礼仪告成。

三、送库

"送库"就是亡者家人捧着给佛的黄表到指定的广场去焚化"楼库"。楼库是冥衣铺糊出来的比较大的纸活明器,就是用纸糊成一座两层的高楼,楼的两旁各糊一座"库",库的门口站着两位阴间的官吏,一为"曹官",一为"阴司"。同时还有四个纸糊的杠箱或墩箱,称为"一楼二库四杠箱"。⑰送库时,将楼库焚化掉。送库有首七送库、三七送库、五七送库、伴宿送库。

在出殡的前一天夜里,要请来僧侣念经,通宵做佛事,晚上为亡人做最后一次送库,称为"伴宿",也叫"作夜"。

四、发引

出殡的当天清晨,孝子要用新笤帚把棺木上的浮尘拂去,倒在炕席底下。杠房这时便会派人来将棺材抬起,孝子在棺材下垫上一枚钱币,最后再将棺盖上的楔子都钉好。亡人的亲属们放声痛哭,向灵柩叩首跪拜。

出殡一般都在上午八九点钟,也有的有钱人家会在上午十点左右出殡。出殡队伍中,由长子打幡走在最前边,次子抱灵牌随后,其他的亡者家人则捧着哭丧棒紧随其后。大儿媳妇抱着"食罐"跟在后边。杠夫们小心翼翼地将灵柩抬出灵堂和院子,必须保持灵柩的平稳,不能倾斜,免得惊动亡灵。此时哀乐齐鸣。

灵柩出了家门,抬到街上,需放在大杠上,由杠夫来抬。旧时北京的杠夫技术非常高超,不论是过沟坎,还是上下楼梯均能让灵柩平稳不动。从出殡雇杠夫的数量就可以看到丧主的财力如何。一般用十六个、三十二个杠夫,北京的富人出殡多为四十八、六十四杠。上杠时,孝子们依次跪在灵柩前,跪在最前面的长子捧起"吉祥盆"将其摔碎,然后出殡的队伍就可以向墓地出发了。

送殡的队伍中有专人负责扬纸钱的,在起杠时,经过十字路口、河边、桥梁、井台、祠庙、城门,以及遇到路祭和下葬时,扬纸钱的人会将纸钱高高扬起,一时间漫天皆白。

起杠后,杠头敲打响尺,高喊"加钱"。按照惯例,亡者的家人必须加杠钱,而且要再额外多加赏钱。杠夫便会将加钱的人名和钱数高声地喊出来,喊出的钱数为所给钱数的十倍。在出殡途中,杠头会多次喊"加钱",丧主每次都会多加些赏钱。

过去,在出殡时亡者生前的好友还会在途中摆上茶桌,供送殡的孝子和亲友们喝水,既是哀悼,也是慰问。也有些亡者生前挚友在路上搭祭棚,进行路祭,表示对死者的哀悼。灵柩经过祭棚时,要把亡者的影像请出来放在椅子上。主祭人奠酒叩祭,孝子答礼。

杠夫将灵柩抬到墓地后,要等到阴阳先生算出的吉时下葬。墓地已由阴阳先生事先选好,墓坑已挖好。吉时一到,杠夫们便依照阴阳先生测出的方向,用大绳将灵柩缓缓放入墓坑,孝子则跪在灵前。灵柩下葬后,还要摆上供品,由僧侣诵读经文,亡者的家人将花圈、纸钱、纸活等焚化。杠夫则撮一铁锹土,让送殡的家人和亲友每人抓一把土,撒入墓坑内。之后,杠夫填土成丘,再在坟头插上引魂幡。而亡者家人及亲友依次在坟前叩首,孝子则向送殡亲友叩头道谢。丧葬仪式至此结束,亡者的一生经丧礼而宣告终结。

以上老北京的丧葬仪礼,虽在社会变革过程中逐渐被简化,一些礼俗也消失不见,但其基本结构仍然保留了下来。当下北京郊区农村的丧礼,往往请专门的"张罗人"来操持,他们通过拜师学习,掌握了北京旧时丧礼的一些知识,使上述丧礼的一些内容得以再现。

注 释

① 参见李家瑞编：《北平风俗类征》，北京出版社，2017，第286页。

② 参见常人春：《老北京的风俗》，北京燕山出版社，1996，第184—185页。

③ 参见崔金生：《北京礼俗》，文物出版社，2003，第88页。

④ 同上，第127页。

⑤ 同上，第129页。

⑥ 古代汉族婚礼中有贽雁礼，即新婿向岳父母献大雁，寓意男女双方守信不渝；大雁也是忠贞和白头偕老的象征。

⑦ 参见李家瑞编：《北平风俗类征》，北京出版社，2017，199页。

⑧ 同上，197页。

⑨ 同上。

⑩ 参见崔金生：《北京礼俗》，文物出版社，2003，第148页。

⑪ 参见常人春：《老北京的风俗》，北京燕山出版社，1996，第205页。

⑫ 同上，210页。

⑬ 金受申：《老北京的生活》，北京出版社，1989，第117页。

⑭ 参见常人春：《老北京的风俗》，北京燕山出版社，1996，第222页。

⑮ 常人春在《老北京的风俗》称为"开咽喉"，金受申在《老北京的生活》一书中称为"开烟火"，笔者采用金受申的说法。详见常人春：《老北京的风俗》，北京燕山出版社，1996，第227—228页；金受申：《老北京的生活》，北京出版社，1989，第117页。

⑯ 参见李家瑞编：《北平风俗类征》，北京出版社，2017，第712页。

⑰ 参见常人春：《老北京的风俗》，北京燕山出版社，1996，第240页

中国风俗图志·北京卷

北京爷

第六章 老北京的闲情与逸致

老北京人爱玩儿,也会玩儿。生活在老北京这座历史悠久的古都的人们,有着其他地方难以企及的闲情逸致。老北京以其特有的耐心和精致,把闲情与逸致发挥到了极致,形成了老北京特有的玩意儿,让日复一日的生活情趣盎然。

第一节 老北京的玩意儿

一、提笼架鸟与盘鸽子

老北京的玩意儿很多,最能代表这些玩意儿的,莫过于"提笼架鸟"。清晨,在北京的河沿儿边、城根下、公园小道上,总会看见迈着方步、悠闲地提着鸟笼的遛鸟人。这种景象,从清代一直沿袭到了今天。《燕京杂记》中记载:"京师人多养雀。街上闲行,有臂鹰者,有笼百

中国风俗图志·北京卷

凑热闹

舌者，又有持小竿系一小鸟使栖其上者。游手无事，出入必携。每一茶坊，定有数竿插于栏外，其鸟有值数十金者。"

说到提笼架鸟，人们很容易把它和八旗子弟、玩物丧志这些词语联系在一起。但是提笼架鸟，对于北京人来说，上至达官显贵，下至贩夫走卒，都有痴迷其中者。提笼和架鸟，并非是一回事儿，讲的是养鸟的两种方式。

1.提笼

提笼指的是玩笼养鸟，主要是为了听音和观赏。像常见的画眉、百灵、黄雀、红子①之类的鸟，主要就是用来听音的，听的是鸟的叫声，玩的是"言语"。红子是北京玩鸟人爱玩的鸟，也是被玩家们认为能"上得了台面"的鸟。红子不好养，训练起来是个不小的挑战。它的学口期很短，一般只有一个星期到十天。过了这个关键期，鸟儿就不会再上口了，再怎么训练也无济于事了。为了能玩上"拔尖儿"的红子，听到令人满意的"高音"，玩家们费尽心思、废寝忘食地调教。旧时，茶馆是玩鸟人聚集的地方，专门给鸟备有位子。养鸟人清晨遛完鸟，便在茶馆"会鸟"，交流"压鸟"的经验。所谓"压鸟"，就是驯化鸟叫出不同的鸣响。几声拔尖儿鸟儿的叫声，就能获得众人的艳羡。老北京人养鸟到了如痴如醉的地步。每日遛鸟的步数都有讲究，据说如果走的步数不够，鸟就不会鸣叫。养鸟人遛到林中，还会揭开鸟笼，让鸟儿学学林中鸟儿的叫声。对于鸟鸣也有讲究，如常见的百灵鸟，要严格遵守"十三套"的鸣法，就是要求玩家能驯得百灵叫出十三种鸟鸣来，可谓细致至极。还有一些笼养鸟，欣赏的是漂亮的羽毛。比如红绿鹦鹉、珍珠鸟、虎皮鹦鹉等，这些鸟都是毛色艳丽的鸟。

2.架鸟

架鸟是另外一种玩鸟儿的方式，就是用架子来养鸟，称为"亮架"。架鸟不能在笼子中养，只能在架子上栖止，这种鸟俗称"花红鸟"。常见的架鸟有梧桐、锡嘴、交嘴之类，老北京人最常玩的架鸟是梧桐鸟。架鸟玩的是鸟的技能，就是训练鸟完成一些动作、技巧。比如开箱叼旗子，打窝头弹儿等。所谓"打窝头弹儿"，就是养鸟人把一弹丸扔到空中，鸟儿会飞过去接住，再给叼回来。在北京冬天最冷的时候，还可以看到一些养鸟人在冰面上训练梧桐鸟打窝头弹儿。这种训练要有足够的耐心和热情，一次次不厌其烦地调教，或许玩架鸟的乐趣也正在于此。

地书图

160

由对养鸟的热爱迁延而来的，是对鸟笼、架子、食罐，甚至挂鸟笼的笼钩等器物的讲究。养鸟人根据鸟的外观、习性的不同，所用的器物也跟着变化，材质、形制也都越来越细化，越来越精美，以至于形成了许多制作器物的名家，专门设计这类养鸟的器具。

3.盘鸽子

除了提笼、架鸟这两种养鸟的方式，胡同里较为常见的即是养鸽子了。直至今日，北京胡同上空仍然会看到鸽子盘旋，听到鸽哨鸣响。过去，胡同里有屋檐的人家，总会见到一两只鸽子进出其中。老北京人认为，屋檐下有鸽子住，代表主人家人财两旺。那些热衷养鸽子的人，通常将养鸽子称为"盘鸽子"。盘鸽子讲究数量，二十四只鸽子叫一拨，两拨叫一盘，盘鸽子至少要盘一盘。只有这样，飞到空中的鸽子才能成行成列。盘鸽子，最为重要的是早晚两次把鸽子赶到空中，让它们围着鸽舍盘旋，行话称"打盘"。打盘是每天必做的事情，如果鸽子飞得少了，吃得胖了，也就没什么价值了。对于盘鸽子的人来说，每日打盘是一大乐事，望着鸽子飞到空中，听着鸽哨从人们头顶而过，心里那别提有多美了。

二、养秋虫与斗蛐蛐儿

冬养秋虫是老北京人的又一大消遣方式和有逸趣的乐事。秋虫主要是指蝈蝈儿、蛐蛐儿、油葫芦、秋蝉之类的虫儿，养的最多的秋虫，要数蝈蝈儿和蛐蛐儿。养秋虫的风气，起自明清的皇宫。清代的皇宫内专门设有养蝈蝈儿、蛐蛐儿的暖室，养好的秋虫装入葫芦或锦囊中，供皇帝把玩。上有所好，民间自然也就趋之若鹜。老北京人养育秋虫也是费尽心思。要把埋着蝈蝈儿卵的沙土盆放到暖炕上孵化，喂食黄豆末末，等到幼虫脱壳之后，再将虫子放入罐中养。冬天蝈蝈儿长大了，天气太冷也不能放到蝈蝈儿笼子里，而是要放到葫芦里。这葫芦还得套上棉套，揣在怀里，或者放在暖和的地方。如此，蝈蝈儿可以存活到来年的二三月。北京过去要买冬蝈蝈儿，都是到丰台花乡养花的暖房里。这时，蝈蝈儿价格最贵，但人们依然趋之若鹜，既有大宅门里的少爷们，也有大杂院里的贩夫走卒。文人墨客也喜欢将冬蝈蝈儿装葫芦里再揣在背心里，外面大雪纷飞，却传来几声蝈蝈儿的叫声，这种美妙的感觉怕是只有当时的老北京人才能体会到。

蛐蛐儿也是老北京人爱玩的秋虫。农历秋分以后，是捉蛐蛐儿的好时节，儿童们便会拿

中国风俗图志·北京卷

逗闷子

着工具去草丛中、坟地里捉蛐蛐儿。有专门逮蛐蛐儿、养蛐蛐儿的人，老北京人称为"蛐蛐儿把式"。老北京的街市中也就有许多卖蛐蛐儿、蛐蛐儿罐的店铺和地摊。人们养蛐蛐儿可不光是听其叫声，更是为了斗蛐蛐儿，这才是乐趣所在。斗蛐蛐儿时，要将两种蛐蛐儿放到一个透明的斗罐或盘子中，用探子拨弄蛐蛐儿的须子，把两只蛐蛐儿撩拨起来后，两只蛐蛐儿就会张开大牙，咬在一起。得胜的蛐蛐儿还会震动翅膀鸣响，这大概就是"自鸣得意"吧。蛐蛐儿的养法和蝈蝈儿的养法类似，也是养在葫芦中或蛐蛐儿罐中。保养好的蛐蛐儿，可以一直活到来年春天。

寒冬时节养秋虫是老北京人的冬趣乐事。冬日里，小小的蝈蝈儿、蛐蛐儿为老北京四合院、大杂院增添了不少的欢乐。

三、盘核桃与捻葫芦

老北京人除了养鸟儿、养秋虫这类活物之外，还喜好把玩器物，最为常见的就是盘核桃和捻葫芦。北京有句俗语："贝勒手里三样宝，扳指核桃笼中鸟。"入关的旗人子弟有了铁杆庄稼，自然在玩儿上哑摸得更多，玩起来也越来越精致繁复，连小小的核桃在把玩中也不断衍生出各种讲究。这股风气，也被京城的老百姓争相效仿。时至今日，在清早遛弯之时，老北京人手中把玩核桃的也不在少数。

文玩核桃，首先得挑核桃，这既涉及核桃的种类，也涉及配对。盘核桃用的核桃一般有铁核桃、楸子、麻核桃这三类，要从其大小、色泽、形状、质地多方面去看，挑选适合盘的核桃。再者就是配对了，盘的一对核桃在大小、纹理、硬度、密度方面要相差无几。只有这样的一对核桃，才具有盘的价值。盘的方式，也有文盘和武盘之分。文盘指一手拿一个文玩核桃，各盘各的，相互之间不发生摩擦碰撞。武盘就是将两个核桃放在一只手上盘，使其相互碰撞摩擦，发出咯噔咯噔的声响。文玩核桃最终追求的是把玩出一对儿色泽瑰丽、包浆通透的核桃。为了达到这一目的，有人把一对核桃盘了数十年，这期间的功夫和耐心也实在让人敬佩。

再一种老北京爱把玩的器物就是葫芦了，称为"捻葫芦"。葫芦谐音"福禄"，寓意吉祥，也是老北京人的爱物。手捻葫芦分为大葫芦和小葫芦，都是常见之物，但是在玩家眼中，

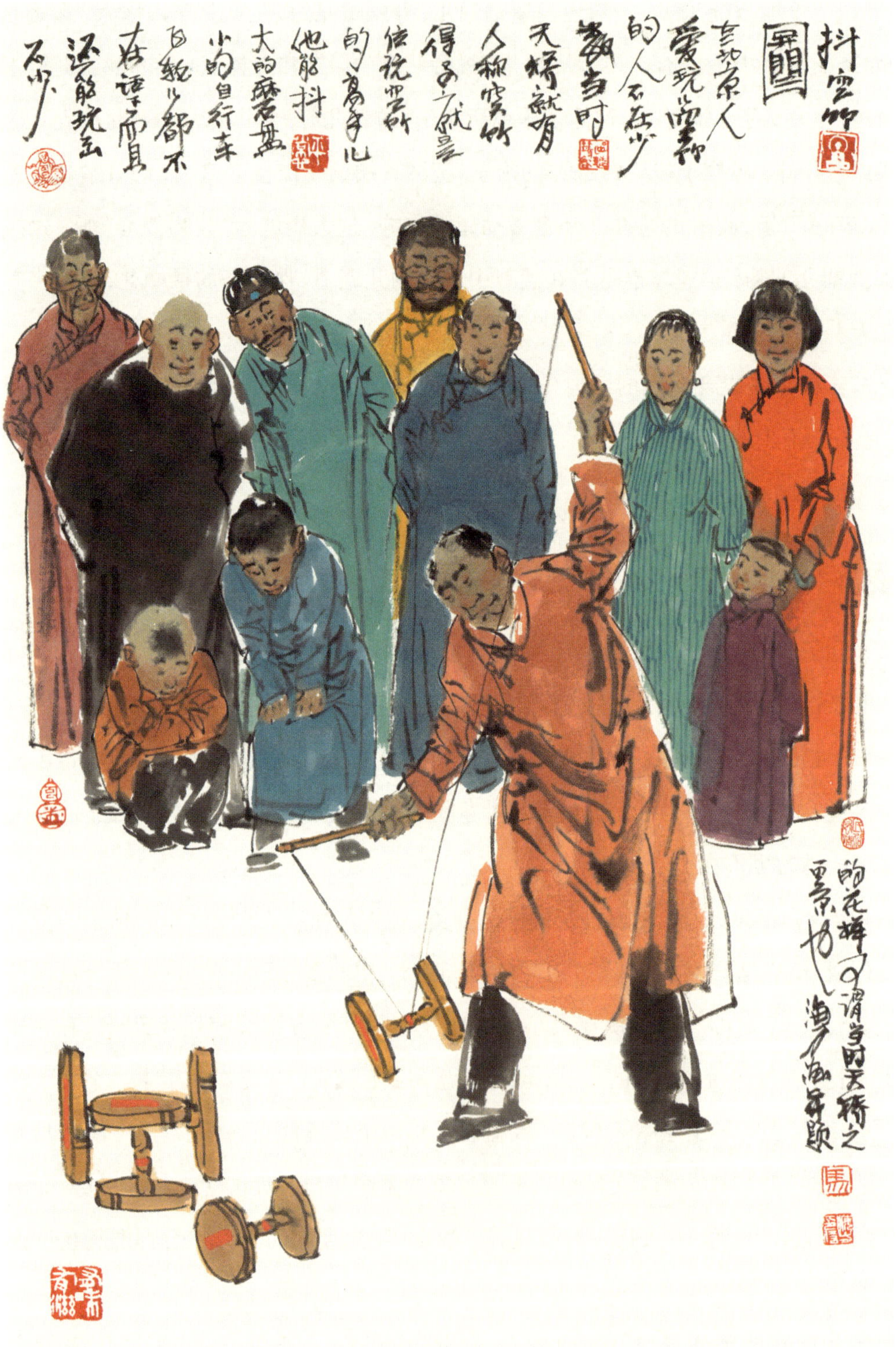

抖空竹图

器物不论贵贱，经过把玩都可以成为高雅的器物。经年累月地把玩，人体分泌的油脂汗液就会沁入手捻葫芦表皮的木质结构中，葫芦表面颜色越发红润，包浆也越发厚重，手捻葫芦的魅力也就显现出来了。

与文玩核桃和手捻葫芦类似的玩意儿还有很多，如盘手串、菩提子，玩翡翠玉石等，这需要的不光是鉴赏的眼光，还需要超乎寻常的耐力和热情，经过无数次的把玩，才最终呈现出独特的光彩。这种趣味，或许只有痴迷此道的人才真正能懂，而爱玩的老北京人早已把这些玩意儿融入了日复一日的生活中，体味岁月沉淀于器物带来的乐趣。

四、戏迷与玩票儿

老北京人爱玩票儿。今天玩票儿的意思多指业余、非专业地从事某一活动。老北京的玩票儿也有这么一层意思，但是究其起源、演变，以及之于老北京人生活的意义，却又远不止这一层意思。

玩票儿源自清代戏曲繁荣时期，与旗人息息相关。清道光年间前后，北京的贵族子弟多有痴迷曲艺之人，他们时常相约而聚，演唱戏曲，切磋艺术，后来逐渐定期举办活动，相沿成习，成为一种特定的形式。满族人入关后，对旗人子弟多有约制，明令禁止旗人唱戏。道光年间虽有松懈，但举办这类活动仍然要在内务府立案批准，核发执照。这种执照盖有正式官印，因为票上印有两条大龙，被称为"龙票"。其后，这类聚集唱戏的班子就被称为"票房"，参与其中的人就被称为"票友"。最初，参加票房的票友，大多都是自编自演，演唱的也多为旗人爱好的八角鼓、单弦、清口打鼓等子弟书。伴随京剧的繁盛，票友们的兴趣又转向了京剧，以演唱京剧为主，票房往往也就特指京剧的票房。

票友虽然热爱戏曲，许多人在曲艺上也颇有造诣，但票友的演唱与专业的戏曲演员还是有差异的。专业的戏曲演员要靠表演吃饭，票友则是出于兴趣的玩儿。"玩票儿"一词就很好地反映了当时旗人子弟参加票房的心态。清代李虹若在《朝市丛载》卷七中记载："缘何玩票异江湖，车笼当年自备储。为何近来诸子弟，轻财还似昔时无？""玩票儿"与"江湖"不同之处就在于，玩票儿是"车笼自备"，自己花钱来玩。票房实质上是八旗子弟消遣娱乐的产物。但是久而久之，玩票儿的人越来越多，扩大到社会的各个阶层，成为许多老北京人共同的爱好。

旧京天桥八大怪

老北京的票房与剧场、戏楼不同的是，票房没有观众演员之分，而是互相观摩切磋，兴之所至，谁都可以登台唱上几段。老北京嗜好京剧的票友，专有两个好去处——"清音桌"和"彩唱票房"。清音桌设在茶馆之中，票友们随弦清唱，不加任何身段动作，也不用勾画脸谱。与清音桌素面清唱不同，彩唱票房与专业演员在戏园中演出完全一样，都得化妆演唱，身段动作也都要有。彩唱票房尤其能够聚集票友，场面十分红火。伴随着京剧的发展，票房在北京红火一时，一些大学、机关、团体也纷纷成立票房。时至今日，北京依然有众多痴迷戏曲的票友和票友们组成的票房。玩票儿虽是业余，但玩的是热爱。

第二节 逛天桥与天桥"八大怪"

天桥对于老北京人来说，是一个最有吸引力的休闲所在，是一道别样的风景。被誉为天桥"八大怪"之一的滑稽大王云里飞曾这样说：一个北京人没到过天桥或者到过天桥没听见过云里飞，正如一个人一辈子没吃过白面一样。②这虽然不免夸张和有一点对自己技艺的自负，但却多少说出了天桥之于老北京人的意义。

在这个地方，有说相声的、唱大鼓的、唱快板的、变戏法的、抖空竹的、打把式卖艺的，有卖药的、算卦的、相面的、点痣的，有卖估衣、卖各种日用杂货的，还有卖各类物美价廉的风味小吃的。"五行八作、什样杂耍和百样吃食"共同构成了天桥独特的魅力。而最令人称奇的就是五花八门、光怪陆离的天桥艺人的表演。不知道有多少艺人在此挥洒血汗，以高超的技艺、怪异的言行，从平地中抠出饼来。③而天桥的把式，天桥的"八大怪"则成为老北京人难以磨灭的记忆。

旧京天桥民间杂耍图

一、天桥的把式

"天桥的把式——光说不练",是老北京的一句歇后语,形容一个人"耍花活",光说话不出力气。这句话当然是跟天桥的把式关联在一块的,但这句话只说了三分之一,完整的是:光说不练嘴把式,光练不说傻把式,又说又练真把式。

旧时的天桥市场,有许多江湖艺人,像耍中幡的、变戏法的、摔跤的、耍狗熊的、卖大力丸的之类的,迫于生计,他们会在天桥当街卖艺。通常就是在地上画个白圈儿,作为演出场地,称为"撂地"。为了能够聚拢人气,让观众掏钱,他们不光要有过硬的技艺,还得会说。尤其是练武术的把式,不论功夫如何,都得以说当先,练好嘴皮功夫。练武的把式开练之前,总要来一大套说辞,比较常见的开场是这样的:"人们都说,天桥的把式光说不练,光说不练那叫嘴把式;光练不说那叫傻把式;若要连说带练,那才叫好把式哪!练到了,说到了,好叫您瞧出个门道。我们可不敢说武艺高强,只能说是初学乍练,练得好与不好,众位包涵着瞧。"

这是个开场,看到人慢慢地聚拢来,他继续说:"今天我们俩人练一套'单刀破花枪',众位看那条花枪怎么扎法,我怎么冒险进招。常言说得好,大枪为百般兵刃之祖,花枪是百般军刃之鬼。大刀为帅,棍棒为王。救命的枪,既好赢人,又好护身。舍命的刀,练的时候,我得舍出命去,练得让众位瞧着拍掌叫好。叫好了怎么样呢?众位得捧捧场,帮几个钱。住店要店钱,吃饭要饭钱,上有天棚,下有板凳,官私两面的花销。我们练完了,众位大把地往场子里扔钱,你明理,我沾光。我们不恼别的,就恼一种人,他早不走晚不走,等我们练完了,一腔子卖到这儿了,他转身一走,饶不给我们钱,还把花钱的给挤走啦。这种人好有一比。"

说到这里,帮场的伙计就会帮腔,问道:"比作什么呢?"

他接着说:"就比作我们做熟了一锅饭,他给扔上一把沙子,简直缺了大德啦。我们可不是都要钱,也不恼人白瞧白看。家藏万贯,还有个一时不便嘛,赶巧碰着您没带零钱,您只管放心,脚底留德,给我们多站一会儿,助助威,我们要高看您一眼,如同看我们的家堂佛,瞧他祖宗哪!话我们是交代完了,还得再托付托付,大把往场里扔钱的,我作个揖。我们练完了,没带零钱给我们站脚助威,不走不散的,我作个揖。那早不走晚不走,我们要钱他才走,脚底下不留德的——"说到这里怔一怔,用眼往四外一扫,说:"我也给他作个揖……叫他养儿养女往上长……"

中国风俗图志·北京卷

旧京天桥民间杂耍耍大钹图

这段话里，语气软硬兼有，为的是把围在场子周围的观众用话都"扣"住了，不至于跑掉，这才开始练武艺。"光说不练"其实是个夸张的说法，在说完一通之后，就要拿出自己的真本事。真正想要被认可，还得"功夫硬"。

等练完武艺后，把式还得有说辞："众位父老兄弟，有钱的您帮个财缘，没带钱的您帮个人缘。咱再给那些不走不散的作个揖……"这时候，帮场的小伙计，就会拿着个小笸箩挨个向人要钱。如此连说带练一通下来，才能讨到钱。因而，天桥把式的说道，既是聚拢人气的润滑剂，也是扣住观众的手段，"练"和"说"缺一不可。

二、天桥"八大怪"

老天桥最为吸引人的，莫过于"八大怪"。天桥在不同时期，有不同的"八大怪"。张次溪先生将天桥"八大怪"按年代顺序分为三拨：第一拨是清代庚子时代天桥的"八大怪"，有穷不怕、醋溺膏、韩麻子、盆秃子、田瘸子、丑孙子、鼻嗡子、常傻子等八位艺人。第二拨是辛亥革命以来的"八大怪"，有耍蛤蟆教书的老头、老云里飞、花狗熊、耍金钟的、傻王、赵瘸子、志真和尚、程傻子。第三拨也是最后一拨"八大怪"，是指二十世纪三四十年代在天桥出现的几个民间艺人，有云里飞、大金牙、焦德海、大兵黄、沈三、蹭油的、拐子顶砖、赛活驴。当下，还为一些老人所记忆、言说的天桥"八大怪"，大多是后期的"八大怪"。当然，"八大怪"的说法也不完全统一，许多老北京人心中都有自己的天桥"八人怪"。

1.滑稽大王"云里飞"

"云里飞"是艺名，本名为白宝山，家中三代都在天桥撂地作艺。父亲"老云里飞"，也是辛亥革命以来的天桥"八大怪"之一；白宝山的艺名得自父亲，名为"小云里飞"；小云里飞的儿子也随之作艺，名曰"飞不动"。

老云里飞原名庆有轩，是位落魄的旗人。最初在梨园行"四喜班"充任武行，后来因为庚子年间大火将戏园子烧毁，班底解散，被迫带着儿子毕来凤（小云里飞最初的名字）到天桥撂地。初入天桥，老云里飞并没有吸引人的特殊技艺，如何能引人围观，招揽观众呢？他用大白在自己和儿子的眼睛周围画上白圈，类似丑角；再于地上用石灰粉写上云里飞、壁里蹦、雨来散、风来乱。然后大声呼号乱叫，儿子则翻起跟头，很快吸引众人围观。老云里飞作

老北京天桥说相声图

的艺,也与众不同,既不是相声,也不是说书、唱戏,而是一种临时的滑稽戏,通过逗乐观众要钱。老云里飞演滑稽戏时,常用的口头语是"臭妹妹的",久而久之形成了俗语,如"老云里飞坐飞机,臭妹妹的上天了"之类的。其后,则在天桥说《西游记》,卖药糖。老云里飞创设的这种滑稽戏,很受当时人们的欢迎,他也成为第二拨天桥"八大怪"之一。

云里飞很早就随父亲一起卖艺,和父亲搭伴儿,早年艺名壁里蹦,又名"草上飞"。他在天桥三角市场内演出,有自己的场子。场子很简单,一个桌子两条板凳,观众席则设有三排长凳,外圈用篱笆围住。唱戏的行头也极为简单:头上戴的乌纱帽,皆用纸盒涂以黑墨制成;胡子就是用铁丝挂上长头发;打马鞭,就是一根芦柴棒系着红线麻绳;大褂敞开不系扣子,就是唱戏的戏服。更有一件"百宝"戏服,将面口袋染成红色,帝王将相、走卒商贩各个角色都可以披上。光这些扮相,不用演,就能够把人逗得哈哈大笑。云里飞领着五六个伙计,在场子里主要演滑稽戏的二黄,伙计们生旦净末丑各个角色没有不敢演的。来这里听戏的,听的不是一板一眼、字正腔圆,就是要听他们如何荒腔走板的热闹劲儿。他自己嗓音圆润,唱起来也非常够味儿,但三五句正格的之后,就夹上几句滑稽的言辞,逗人一乐。云里飞的场子也不拘形式,有时他还串着说段相声,给观众换换口味。云里飞的儿子自小就跟父亲学戏,也跟在场子里表演,艺名叫"飞不动",也叫"跟着飞",虽然没有父亲的名气大,但也颇受欢迎。

云里飞在北京闻名一时,对于许多老北京人来说,逛天桥不看云里飞,真是有些白去了。他所在的那个年代,连一些淘气的小学生也会学着他挤眉弄眼,伸舌怪叫。直至今日,那些已入暮年的"小学生",谈起云里飞,仍然眉飞色舞,神往不已。

2.拉洋片的"大金牙"

拉洋片又叫"西湖景",是我国一种传统民间艺术。基本的道具是一个四面安装镜头的木箱,箱子内安装着数张图片,以灯光照明。观看者凑近镜头观看内里的照片,外面的表演者就拉动绳子,带动图片更换。这些图片最初是西湖的风光景致,因而拉洋片也被称为看"西湖景"。后来图片多样,多为白蛇传之类的完整故事。表演者在外或说或唱图片中的故事。"大金牙"在天桥表演的就是拉洋片,但是他的唱大片却成了天桥一怪。大金牙原名焦金池,人长得气派,身材瘦长,梳着分头,一唱起来就露出嘴里镶嵌的两颗金牙,就以"大金牙"作为艺名。大金牙唱大片的特点,一是他的道具与众不同,二是他的嗓音很独特。他的伴唱乐器是自己做出来的,他将一面小鼓、一面小锣、一面钹,拴在一个木架子上。架子上面拴

旧京天桥数来宝

小鼓，鼓下面拴小锣，锣鼓中间是一片木板，连着绳子。一拉绳子，木板向上打大锣，向下打鼓。锣的旁边，是一面铙钹，另一面铙钹拴在一根棍子上。棍子上也连着绳子，一拉绳子两面铙钹便碰撞响起。大金牙就通过操纵绳子来控制鼓、锣、钹，两根绳子一起拉，所有的响器便一齐响，热闹非凡。大金牙不但嗓子好，嗓音独特，而且唱腔滑稽悦耳，善于在演唱中"使相儿"，做出喜怒哀乐各种表情。大金牙会的曲目也多，即使不拉洋片，光是演唱，也能赢得满堂喝彩。他演唱的选段，曾被制作成唱片在电台播放，名噪一时。

3.说相声的焦德海

焦德海幼年学的是唱竹板书，后拜徐有禄、魏昆治为师，改说相声。他最初在天桥撂地说相声，也是天桥"八大怪"之一。焦德海的相声作为天桥一怪，大致有三个方面的特点。一是焦德海"脸上挂戏"，一上台来，不用张口，只是看到他脸上那副滑稽可笑的表情，就已经惹得人们哄笑不已。他的台风又极其稳健，人笑我不笑，众人笑时他权当发现不了笑点在何处，依然一本正经地说下去，就显得更加好笑。二是他活路宽，擅长创新，往往通过荒诞不经、曲折离奇的方式，于嬉笑怒骂中揭开世态炎凉，极尽讽刺。再一个就是，焦德海相声的功底深，口齿清晰，肚囊宽敞，能说近二百段传统相声。在天桥撂地说相声期间，焦德海颇受欢迎，所在的相声场人头攒动、笑声一片。他的相声段子《对对子》被灌制成唱片，在电台播放。后期与刘德智搭档，一起被观众称为"焦溜"。在相声行业中，焦德海也是"相声八德"之一，培养了众多相声名家。

4.骂街卖药糖的"大兵黄"

"大兵黄"，原名黄才贵。在撂地卖艺之前，有着一身的好武艺，曾在清末的军营中当过多年的兵，做过六品官，因而被称为"大兵黄"。退伍之后，他辗转到了天桥，以卖药糖为生。大兵黄卖药糖的特色是用骂街招揽客人，边骂街，边卖药糖。他是多年的老兵，看惯了人情冷暖、世态炎凉，骂起街来语锋尖锐，气势如虹。大兵黄在天桥占据了一块空地，每到卖药糖之前，便开骂起来。他一年四季头顶着小帽，足踏双脸鞋，上着紫马褂，下穿绒套裤，腰挂囊袋，手提葫芦，腕套念珠。④还没开骂，光看这身行头，就让人忍俊不禁。大兵黄的骂街，不是一般的骂街。他对各类人物、历史掌故谙熟于胸，对于贪官污吏、社会丑态极尽嘲讽，讲到深处，也条分缕析，丝毫不乱，再加上时不时蹦出来"小舅子""他妈的"之类的"话佐料"，

旧京天桥一景：训鸟儿

以及眉飞色舞的神情，每天他一站到那儿，人们便围得水泄不通。等到人群聚集，他就开始卖药糖。卖一阵，再骂一阵；骂一阵，再卖一阵。大兵黄卖药糖，成为当时天桥一景。许多逛天桥的老北京人回忆，许多人不为买药糖，就是冲着看大兵黄骂街去的。

5.掼跤的沈三

沈三在天桥以掼跤而闻名。"掼跤"又称"撂跤""摔跤"，是我国一种传统的武术形式。他自幼随父亲习武，拜得众多名师，主要跟随宛永顺学习掼跤。宛永顺人称"宛八老爷"，是清代的头等扑户。沈三家中开设清真堂药室，售卖舒筋活血丹，但每天必表演一次武技。他的武技中最让人称赞的是双风贯耳和胸前开石。双风贯耳，就是在太阳穴处砸砖。在武技演练时，沈三侧卧，在地上放一块砖，以头部一侧太阳穴处枕在砖上，另一侧朝上的太阳穴处叠上三块砖。这时，一名赤膊壮汉，抡起大锤砸向砖块。只见手起锤落，上面的太阳穴处的三块砖皆已粉碎，下面的砖也已碎裂，而沈三完好无损。另一武技为胸前开石，也十分惊险。演练时，放置两个长条凳，沈三头枕一个条凳，脚后跟放着一个条凳，身躯则悬空，再在其腹部放上一个大石磨盘，以胸腹之力顶起。再来一壮汉，抡起大锤砸向磨盘，磨盘碎裂，而沈三无恙。沈三高超的武技，被人们称道，也是逛天桥必看的一景。

6.蹭油的周绍棠

"蹭油的"本名周绍棠，来自东北，辗转到了天桥，靠卖自制的去油渍的药胰子（肥皂）和治癣疥的皂块为生。周绍棠个子不高，瘦骨嶙峋，时时眯缝着一双不大的眼睛，迈着人外八字的脚，手里总是拎着一个小铁匣子，里面装着不少的药皂。他之所以被称为"蹭油的"，不叫卖药皂的、卖胰子的，是因为他在天桥边走边唱："蹭呀，蹭呀，有油蹭蹭就干净呀！蹭呀，蹭呀，不管你沾上什么油呀！香油、豆油、酱油加煤油，沾上衣服多难看！给你蹭蹭包干净呀！"他对于周围人的关注，也全在衣服上，只要看到上面有污渍，便会毫不客气地扯过衣服，用一小块药皂，沾上口水，手忙脚乱地擦起来。一边擦，又一边吆喝："蹭蹭蹭呵，蹭油的呀，掉掉掉，油掉啦。"如果被他抓住的是小孩，他又是另外一种神态和语气，活脱脱一个老婆婆跟孙儿说话："蹭呀，蹭呀，瞎油，瞧你多脏呀。"蹭油的好笑之处，正是在他聚精会神蹭油的时刻：眯缝着的眼睛里满是喜悦，口里念念有词，嘴角泛起白沫，手舞足蹈，神情也时时变化。光这个情景，就令人莞尔，蹭油的也因此成为天桥的一怪。

银枪刺喉图

7. "赛活驴"

"赛活驴"是一种杂技与"逗哏"结合的舞蹈,又称为"毛驴舞"。在天桥,关德俊及其妻子乔金凤表演的"赛活驴",最被人们称道。赛活驴的"驴子"是用竹竿、竹篾制成的,再用布蒙上,画上驴样。"驴子"前后分为两截,中间中空,表演者站立其中,将"驴子"前后两截系在腰上,周围以长布围起,遮住人腿。表演时,关德俊扮演驴,做出毛驴的各种动作,如毛驴尥蹶子、驴失前蹄、毛驴撒欢等,逗人频频发笑。他的妻子乔金凤站立在驴背上,手拿一副竹板儿唱着莲花落。最为人们称奇的是,"驴子"还要登上三条三足板凳搭成的"旱桥","旱桥"并不十分稳固,"驴子"却牢牢地站在上面,还要表演各种危险动作。他们的表演诙谐幽默,身形惟妙惟肖,技艺惊险刺激,自然在天桥一举成名。后来,二人又在《八仙得道》的剧目中扮演张果老的神驴,使"赛活驴"名噪京城。

8. "拐子顶砖"

"拐子顶砖"虽然是老北京口中天桥的"八大怪"之一,但是拐子的真名实姓至今不得而知,人们也从没听过拐子说话。卖艺时,拐子从头至尾一句话也不说,在他面前总有张大纸,上面写着:"拐子要钱,靠天吃饭,善人慈悲,功夫难练。"久而久之,人们就称其为"拐子",姓名什么的也没人深究了。拐子的"怪"莫过于他的善跪和顶砖。拐子总是闭着眼睛,赤裸上身,双手合十,跪在露天,宛如罗汉一般。无论春夏秋冬,都是赤膊跪立。夏天,拐子专在烈日暴晒当口长跪不起;冬天,朔风刺骨,大雪纷飞,他也光着上身跪在露天。拐子以苦行唤起人的怜悯之心,路人看他可怜多会给些零钱。拐子"怪"的第二个方面,便是他表演的顶砖,既令人心酸又令人叹其艺高胆大。他的光油油的秃头能够顶起二十多块大方砖,估摸有一百多斤重。他将方砖一块一块叠在头顶,远远看去像座小塔一般,头和身子则纹丝不动。当有人看他可怜,给他几个钱时,他便嘴巴微张,双手合十作揖感谢。等到要完钱,便将砖块一块一块卸下。这时,仔细看他头顶,经年累月的顶砖,已经将头顶压出一个拳头大小的深坑。看到此景,无不恻然。撂地卖艺,平地抠饼,观众看的是"奇"和"怪",对于艺人来说则是为"找饭辙"不得不付出的艰辛与血泪。

第三节 京味儿小吃

老北京人爱吃,会吃。品尝京味儿小吃无疑是老北京人的一大乐事。小吃不同于大餐,不需要讲究什么礼仪、客套和排场,吃的就是份儿自在和闲适。北京人把小吃称为"碰头食",更是表明了小吃的这一特征。北京的小吃既融合了汉、满、回等各族的饮食特色,也与宫廷风味多有交融,形成了独具特色的京味儿小吃。京味儿小吃品种实在丰富,挂一漏万,挑几样有代表性的小吃介绍一下。

一、豆汁儿、焦圈儿、辣咸菜

豆汁儿是北京独有的吃食。俗话说,老北京人有三嘴:"豆汁儿嘴""卤虾嘴"和"老米嘴"。要看一个人是不是老北京人,拿碗豆汁儿一试便知。不是老北京人,一口豆汁儿下去就可能眉头直皱,感觉酸臭若泔水一般。而老北京人一口豆汁儿下去,顿觉甜中带酸、酸中有涩,滋味无穷,可能会再来点焦圈儿、辣咸菜就着,热腾腾地一连三碗下肚。

豆汁儿实际上就是制作绿豆淀粉或粉丝的下脚料,本是穷苦人的食物,何时成为北京流行的小吃已很难考证清楚。豆汁儿又被称为旗人的"本命食",过去北京的旗人尤好豆汁儿。乾隆年间,豆汁儿甚至传入皇宫,御膳房于农历九月到次年立夏后五天,都要制作豆汁儿,以解油腻。据说慈禧、同治皇帝都极好喝豆汁儿。

老北京卖豆汁儿的有两种形式。一种是走街串胡同挑挑儿卖豆汁儿,边走边吆喝:"开了锅的豆汁儿粥!"胡同里闻声而来的居民,拿着锅、碗,买回家中去喝。另一种形式是在庙会集市上摆豆汁儿摊。卖豆汁儿的从粉房里将生豆汁儿趸回,挑到庙市上,用大锅就地熬煮。摊前放着大长条案,摆着四个玻璃罩子,分别放着辣咸菜、萝卜干、芝麻酱烧饼、焦圈儿之类的。卖豆汁儿的殷勤地向来往行人喊:"请吧,您呢!热烧饼、热果子,里边儿有座呢!"

老北京喝豆汁儿也有些传统和讲究。喝豆汁儿一定要配着焦圈儿和辣咸菜,这两种东西可谓豆汁儿的伴侣。辣咸菜也就是普普通通的大腌萝卜丝儿,很便宜,以至于豆汁儿摊上不收钱随便吃,但是却是其他酱菜难以替代的。焦圈儿则是形如手环的油炸品,虽然也不起眼,但是咬一口焦香酥脆的焦圈儿,再吸溜一口热豆汁儿,才是最正宗的喝豆汁儿的方式。再者,豆汁儿最好热着喝,烫着喝,梁实秋先生也这样说过:"豆汁儿之妙,一在酸,酸中带馊腐的怪味。二在烫,只能吸溜吸溜地喝,不能大口猛灌。三在咸菜的辣,辣得舌尖发麻。越辣越喝,越喝越烫,最后是满头大汗。"⑤

二、面茶与茶汤

面茶,简单说来就是将糜子面熬成面粥,然后将面粥盛到碗里,淋上芝麻酱,再放芝麻、辣椒、盐之类的调味。老北京喝面茶很有讲究,吃的时候,不用筷子和勺,直接用手端着碗,沿着碗边儿转着圈喝。茶汤,虽然带个"茶"字,却不是茶。它和面茶类似,都是以糜子为原料,将炒熟的糜子放上红糖,然后用滚烫的开水冲成,再加上八宝,即山楂条、青红丝、葡萄干、瓜子仁、核桃仁之类的即可。因为用热水冲茶汤,如同沏茶一般,因此名为"茶汤"。

老北京卖面茶、茶汤常见的是挑担子走街串巷的,每到春秋天下午沿街叫卖。摊子前面是个紫铜色大茶汤壶,茶汤壶分为两层,外层加水,里层烧火;摊子后面是个大木桶,挂着水舀子。木桶上放着糜子面、油茶面等原料及瓷碗、勺子。当有人要买时,便在瓷碗内放入糜子面用少许开水调好,然后将铜壶高高举起冲入瓷碗中,同时以勺子搅拌。调制好后,再递给顾客。当然,也有在庙会上设茶汤摊的,也有在大街上开设店铺的,门前以一个硕大的茶汤壶作为招幌。北京出名的茶汤,则有"聚元斋"和天桥的"茶汤李"。

三、炒肝儿、卤煮与爆肚

炒肝儿、卤煮都是以猪肠、猪肝、猪心等猪下水熬煮而成,爆肚也多用牛肚、羊肚为主料制作而成,从其原料就知道,炒肝儿、卤煮和爆肚最初都是"穷人乐"的食品。但是历经岁

月,这三样早已成为京味小吃中的代表,还衍生出了不少小吃中的老字号。

炒肝儿最早在清末由会仙居的"白水杂碎"改进而来。会仙居的炒肝儿出名后,北京的饭馆相继都添加了炒肝儿,一些与炒肝儿相关的俏皮话也流传开来。如责骂人时,可以说上这么一句:"你这个人怎么跟炒肝儿似的,没心没肺。"讽刺一些自相残害的,可以这么说:"猪八戒吃炒肝儿,自残骨肉。"老北京的卤煮则以"小肠陈"最为出名。"小肠陈"制作的卤煮小肠味道独特,曾在华北楼戏院门前设摊,一些梨园名角,如梅兰芳、张君秋、新凤霞在唱完戏后常常特意叫碗"小肠陈"的卤煮作为夜宵。爆肚则以天桥"爆肚石",门框胡同"爆肚杨""爆肚冯""爆肚满"等最为出名。北京人讲究"吃秋"、贴秋膘,就有"要吃秋,有爆肚"的说法。

四、豌豆黄、艾窝窝、驴打滚儿

豌豆黄、艾窝窝、驴打滚儿,虽然也都是有代表性的京味儿小吃,但是与炒肝儿、卤煮、爆肚这些"穷人乐"的小吃不一样,它们最初都是宫廷点心,后来传入民间。到了民间,豌豆黄是典型的节令食品,常见于春季庙会上。三月三蟠桃宫庙会上便会有小贩吆喝叫卖:"嗳!这小枣儿豌豆黄儿,大块的来!"艾窝窝则在元代就有记载,当时名为"不落夹",明代因皇帝爱吃,称为"御爱窝窝",后来传入民间,逐渐被叫作"艾窝窝"。每到新年,庙会集市上便会有推着手推车卖年糕的小贩,把艾窝窝放在碟中出售。人们或蹲或站,围拢而食。驴打滚又称"豆面卷子",是用一层层的黏面加上红糖和炒熟的黄豆面卷成的。因为裹成卷后要放在黄豆粉里打个滚,就像毛驴打滚沾上一层灰尘一样,因此得了这个名儿。过去,正月初六,老北京人的家里要把节日里积存的垃圾扔出去,叫作"送穷鬼",家里人会给"扔穷"的男孩买"驴打滚"吃。这一习俗今已不多见。

第四节 儿童的"玩意儿"

老北京儿童的"玩意儿"也丰富多彩,放风筝、抖空竹、吹噗噗噔、玩大风车、打莲花灯、冰面上茬冰……一年到头可玩的东西多得去了。

一、放风筝

北京有首童谣:"阳春三月柳条青,结伴郊外放风筝。女孩喜爱花蝴蝶,男孩爱放大老鹰。"这里男孩爱放的"大老鹰"就是老鹰风筝了。春天一到,最适宜孩子们的游戏莫过于放风筝了。老北京人爱放风筝,即使不是孩子央求,大人也多会主动给孩子做风筝、买风筝。最为简单的风筝就是只用两根细竹条交叉绑在一起,糊上纸,尾巴上再系上纸条做的穗儿就可以了。至于风筝摊上卖的风筝,则五彩斑斓,样式繁多,什么沙燕儿、活翅膀的老鹰、活眼睛的蜻蜓……老北京的风筝多以沙燕儿为主,有"南城大沙燕儿,北城黑锅底"之说,"黑锅底"也是"沙燕"的一种,区别在于用的颜料不一样,"黑锅底"以锅底灰或者黑墨当颜料画成。

孩子们放风筝也不挑地点,能到郊外当然好,去不了郊外,在院子里、胡同里也都可以放。有的孩子站到屋顶上,或者院子的桌子上,用竹竿挑着放。左手拿着线框子一点儿一点儿放线,右手不断地拽着线向上不停地抖动着。不一会儿,风筝就会借着风,越飞越高。也有的孩子在胡同"拉死鹰",也别有趣味。一个孩子举着风筝,一个孩子放。放风筝的孩子大叫一声"撒手",放风筝的孩子便死命地往前跑。有时候风筝能够飘起来,多数的时候风筝蹭在地上遍体鳞伤。人们把这种情况就称为"拉死鹰"。而没有风筝放的孩子,这时便会起哄,嚷道:"黑锅底,不爱起,一个跟头折到底!"在胡同里放风筝,免不了有风筝掉到别人家里的时候。过去北京人认为这是不吉利的,往往就给撕了。要是你找得及时,或是街坊邻里的,碍着面子也会把风筝还给你,但必须在风筝上戳个窟窿,意思是破了晦气。

二、抖空竹

抖空竹也是老北京孩子们喜欢的传统游戏。清代富察敦崇《燕京岁时记》就有这样的记载："空钟者,形如车轮,中有短轴,儿童以双仗系棉线拨弄之,俨如天外晨钟。"孩子用两个杆儿牵着线,抖动空竹,空竹轮子就转得飞快,空气灌进轮子里的孔里,就会发出嗡嗡的声音。孔越多,发出的声音则越响。卖空竹的平时不多见,到了正月逛厂甸的时候,那里就满眼都是空竹。卖空竹的在一个大架子上插上许多一寸多长的小棍儿,将空竹盘上的小孔插在棍子上卖。买的时候你尽管可以试试,整个厂甸空竹发出的嗡嗡声响彻耳边,热闹非凡。正月里,几乎每个孩子手里都会拿着一只空竹。孩子们抖空竹,不光听声响,还要比试谁抖得花样儿多、难度大。有的可以在空竹飞转的时候,把空竹扔半空,扔出之后再用绳子准确地接住。还有的可以用抖空竹的杆儿来接,让空竹在杆儿上转动起来,叫作"猴儿爬杆"。能做这些动作的,往往为孩子们所艳羡。整个正月里,胡同里、大杂院里,都可以经常听到空竹嗡嗡的声音。即使空竹摔坏了,孩子们也会找来胶水粘一下,继续玩儿。

三、玩大风车

大风车也是老北京孩子们的爱物。在春节的庙会上,时常可以看到这样的情景:年幼的孩子骑在大人的肩膀上,一手拿着彩色的风车,一手拿着大糖葫芦。风吹过来,风车便嘎嗒嘎嗒地作响。老北京的大风车,又称为"吉祥轮",寓意可以辟邪保平安。北京有这样的歌谣:"小妞、小妞你快来,手拿风车舞起来。小风车嘎嘎响,小妞、小妞快长。小风车颜色鲜,消灾驱邪保平安。""小小子你别闹,举着风车满院儿跑,出去会生大元宝。小风车转得欢,招财辟邪保平安。"大风车是纯手工制作成的。用高粱秆做成骨架,在上面打上小孔,用竹签插到小孔中,把骨架的各部分插好。然后再把泥做成环状,风干后贴上牛皮纸,就制成了泥鼓。把风车各部分组装好后,在骨架上套上一根皮筋,绑上一根竹签,作为鼓槌。当风吹风车,带动鼓槌敲打在小鼓上,便会发出嘎嗒嘎嗒的声音。孩子们拿回家中,会满胡同、满院子地跑起来,就为听风车发出的声音。要是不玩了,也会插在风能吹到的地方。

四、冬季"茌冰"

老北京把溜冰称为"茌冰"。在满族入关之前,溜冰就是旗人的军事项目。入关后宫廷每年都会举办"冰嬉",场面十分壮观。民间也因此大兴溜冰之风,溜冰成为大人、孩子冬日里都喜欢的游戏。每到冬天,河面结上厚厚的冰,大人、孩子们便成群结队去冰面上茌冰。过去,北京天然的冰场非常多,护城河、什刹海的冰面上到处都是人。溜冰用的冰鞋也极其简单,就是在鞋上绑上块木板,板上安上两块大铁条,一双简易的冰鞋就制成了。孩子们喜欢玩的是冰床,坐在一个平板小车上,有的用自己双腿蹬着冰面滑行,有的由人牵着飞快地穿梭。胆子大的孩子,还玩一种叫"接龙"的游戏。由一个大孩子或成年人当"龙头",后面排上好几个人,一人拽住一人。"龙头"铆足劲飞速滑起来,带领着一串人在冰面上驰骋。

注 释

①红子,学名叫沼泽山雀,是北京人喜爱饲养的一种体形较小的山雀。
②参见张次溪编著:《人民首都的天桥》,中国曲艺出版社,1988,李序第3页。
③天桥的艺人把卖艺谋生称之为"平地抠饼"。
④参见张次溪编著:《人民首都的天桥》,中国曲艺出版社,1988,第117页。
⑤梁实秋:《人间有味是清欢》,北京时代华文书局,2014,第58页。

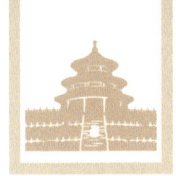

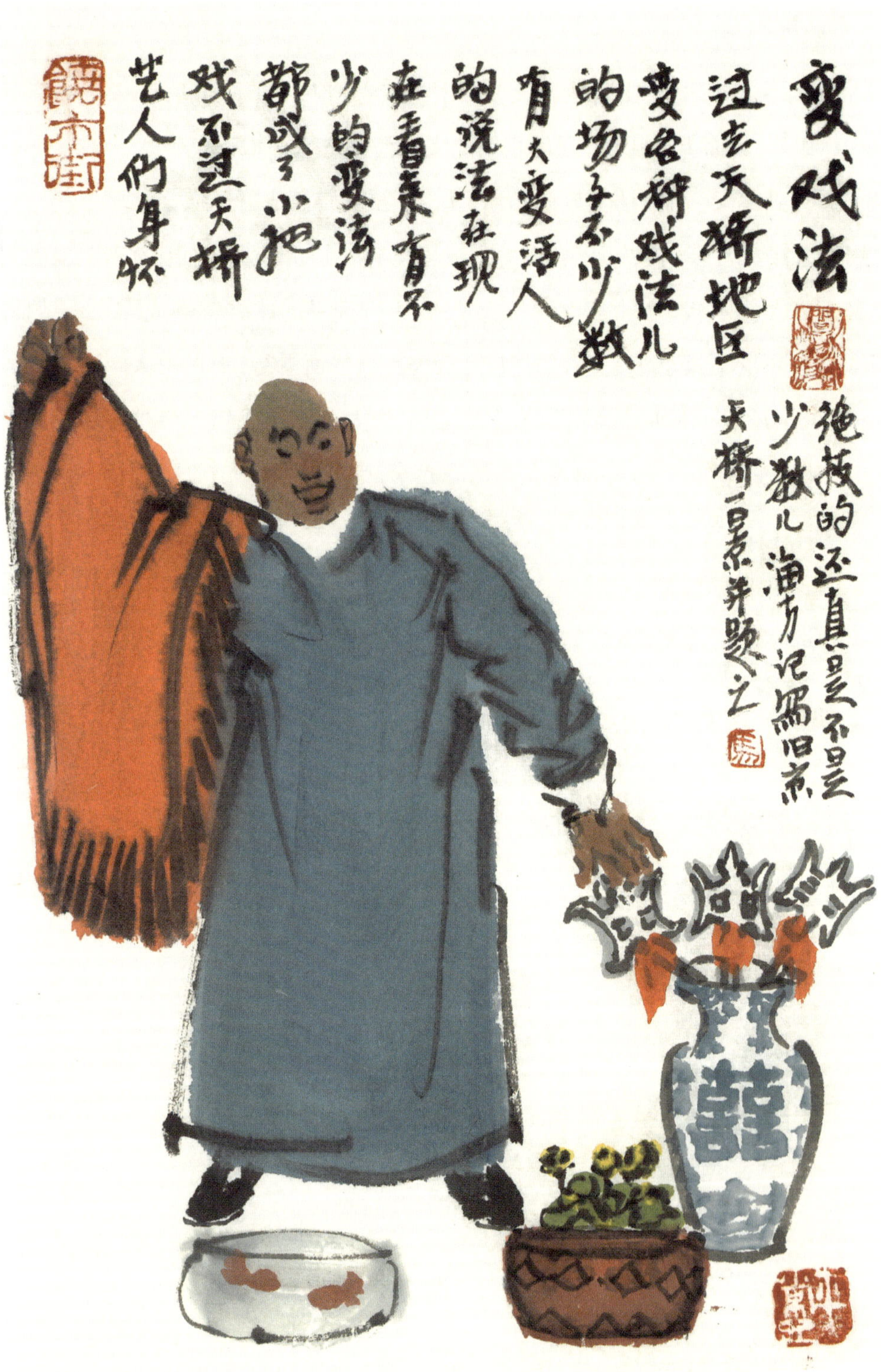
变戏法
过去天桥地区
变各种戏法儿
的场子不少数
有大变活人
的说法在现
在看来有不
少的变法
都成了小把
戏不过天桥
艺人们身怀
绝技的还真是不是
少数儿 海方记写旧京
天桥一景京并题之

变戏法

第七章 老北京的庙会与香会

北京最早的庙宇是建于西晋年间的潭柘寺，在老北京有"先有潭柘寺，后有北京城"的俗谚。作为元明清大一统王朝都城的北京，大大小小的寺庙遍布城内外，有"三步一寺，五步一庙"之说。北京不仅庙多，因庙而生的庙会也多。庙会最初与祭拜庙内神灵有关，每到庙期，香客集聚；与此同时，商贩也寻得商机，随庙期聚集，形成庙市。庙会将宗教与世俗相连，介入到了老北京人的经济生活和文化生活中，逛庙会也成为老北京的一个标志性文化。老北京的香会作为庙会的衍生物，形成了以金顶妙峰山为中心的朝顶进香的传统，结成了自成体系的"幡鼓齐动十三档"，这也成为老北京民俗文化中一道亮丽的风景。

第一节 北京庙会流变

北京最早有记载的庙会起于元代白云观的"燕九节"。白云观是道教全真教的祖庭，

中国风俗图志·北京卷

吹糖人儿的

188

长春真人丘处机归葬于此。正月十九为丘处机诞辰，是日开庙，游人烧香敬拜，称为"燕九节"，可视为北京较早的庙会。元朝后期，道教的另一个派别正一派在北京齐化门（今朝阳门）外修建了东岳庙，每年于三月二十八日东岳大帝诞辰日开庙，一时间香火鼎盛，许愿还愿的香客络绎不绝，沿街则商铺林立。又加上大运河漕运开通，更是促进了东岳庙庙会的繁盛。元代第三个开庙的是平则门（今阜成门）外的西镇国寺，每年二月初八开庙，南北货物汇集，来庙会的也多为在大都做生意的江南富商。

明代是北京庙会普遍兴起的时期。正阳门的关帝庙、都城隍庙、都土地庙、南药王庙，以及供奉碧霞元君的中顶、西顶陆续开庙。其中尤以内城的都城隍庙庙市和灯市最为繁盛，二者并称为"庙灯二市"。明代《燕都游览志》已有庙市的说法："庙市者，以市于城西之都城隍庙而名也……大略与灯市同，在每月以初一、十五、二十五开市，较多灯市一日耳。"明朝的庙会，已经不限于每年开放一次的节日庙会，开始出现每月开放数次的定期庙会。都城隍庙庙市逢每月初一、十五、二十五开庙，庙市上货物种类繁多，尤其以奢侈品著称，古玩字画、玉石漆器陈列其间。在外城宣武门外的都土地庙庙会所卖货物则多为日用品。

明末碧霞元君信仰流布北京，人们称之为"老娘娘"。北京出现了大量的碧霞元君庙，无论建于山上还是平顶上的，均称为"顶"，逐渐形成了东西南北中五顶。洞顶在东直门外，大南顶在左安门外马驹桥，南顶在安定门外，西顶在西直门外蓝靛厂，北顶在德胜门外，中顶在右安门外草桥。西直门外高梁桥、怀柔丫髻山的碧霞元君庙也很出名。明末中顶、西顶、高梁桥、马驹桥的四座碧霞元君庙开庙后，逛庙会的几以求子的妇女为多。

明代庙会还出现了民间自发组织的香会。东岳庙开庙时，已有香会前来"助善"，最早记载的香会活动是嘉靖三十九年（1560）的岱庙行祠善会的竖碑文。东岳庙大殿前明代竖立的碑文，已有冥用什物圣会、白纸圣会、长明灯圣会、施茶圣会等名目。马驹桥碧霞元君祠开祠时，已出现香会的表演，名为"抬阁"，即两三个小孩在木制方形的阁子里，扮演戏曲故事人物，由人抬着走，表演时伴之于鼓乐。东岳庙、马驹桥碧霞元君祠的香会开后来文会、武会之先河。

清代是北京庙会繁盛期。在满族人入关定都北京后，由于满汉分城，原内城的庙灯二市迁往外城，庙市迁往报国寺，灯市迁往琉璃厂和灵佑宫，庙会一时为之萧条。清初最大的庙会为报国寺庙会。到了康熙末年，内城的隆福寺和护国寺相继开庙，并称"东西二庙"，内城

中国风俗图志·北京卷

打鼓儿的

打鼓儿的这行当也有打糖锣的一种，都是卖儿童们喜欢的名种玩具。他们挑着担子走街串巷，把鼓儿一响孩子们就知道是干什么的来了。他们的担子非常有特色，一头儿是剃条筐里边放着各种玩具，另一边是纸糊的架子糊的纸……

打鼓儿的

的商贸繁盛起来，庙市逐渐增多，成为当时较为普遍的交易市场。北京的庙会亦有兴衰之变化。在隆福寺、护国寺庙会繁盛的同时，外城的都土地庙、南药王庙、报国寺庙市衰落，都城隍庙庙会也渐次消亡。清初繁盛一时的报国寺庙会，到了清末也已萧条。而外城的花儿市和土地庙庙会则逐渐繁盛起来，以至于在其后的民国时期与东西二庙及白塔寺庙会，合称北京的"五大庙会"。

清代庙会的一个重要的变化，是位于京西的妙峰山庙会开始兴盛起来，继"五顶"娘娘庙之后，被称为"金顶"。开庙期间，各类武会以朝顶进香的名义在香道和庙内表演，称为"香道会"，并逐渐形成了号为"幡鼓齐动十三档"的香会体系。

据统计，截至1930年，北京城区尚有庙会20处，郊区有16处，合计36处。这些庙会所在的庙宇以明代所建居多，清代次之。民国时期隆福寺、护国寺、白塔寺、土地庙、花儿市庙会并称北京的"五大庙会"，是当时城乡贸易的重要形式。一些庙会的庙期不再采用农历，开始采用西历。伴随商场等新兴购物场所的出现，庙市逐渐衰落。社会时常动荡，也使得香会朝顶进香的活动一度中断。

第二节 老北京的"五大庙会"

提起老北京的庙会，有"五大庙会"的说法，即隆福寺、护国寺、白塔寺、土地庙、花儿市庙会。这五大庙会共同之处都是有定期的庙市，很少有酬神娱神的活动，是老北京市场体系的主要组成部分。最迟在乾隆年间，北京城就已经形成了逢三土地庙、逢四花儿市、逢七逢八护国寺的惯例。清末白塔寺开庙设市，逢五逢六开市。护国寺庙会与隆福寺庙会为内城

评弹

的两个商业中心，并称"东西二庙"，有"东西两庙货真全，一日能消百万钱"的美称。"东西两庙"规模巨大、商品丰富，既有种类丰富的日用百货，也有满足达官贵人需要的奢侈品。位于外城的土地庙和花儿市庙会比不上内城隆福寺、护国寺、白塔寺繁盛，所售货物多为日用品，也较为便宜，因为邻近农村，庙会的特色货物多以农民、工匠所需或所生产的用品为主，起到了沟通城乡经济的作用。

一、隆福寺庙会

隆福寺建于明景泰年间，是朝廷的"香火院"，也是明代京城唯一的一处青衣僧（和尚）和黄衣僧（喇嘛）同住的寺庙。隆福寺于清代开庙设市，每月逢九逢十有庙市，是当时最为繁盛的庙市。1901年隆福寺失火，殿宇被焚毁，庙内香火彻底断绝，但隆福寺庙会却愈加繁盛，"百货俱备，游人甚多，绝不礼佛"。隆福寺庙会规模较大，由庙内一直延伸到庙前的神路街、隆福寺街、猪市大街，以古玩字画、花鸟虫鱼、珠宝玉石、衣服饮食为多，还有各种杂耍卖艺的场子。天桥"八大怪"中的滑稽戏艺人云里飞、摔跤能手沈三等都曾在此演出。隆福寺庙会最大的特色在于它的书摊，隆福寺街是一条以书店为主的文化街。因为隆福寺离贡院较近，进京赶考的读书人常在此购书、卖书，因而北京内城书店大都在隆福寺街上。1930年，隆福寺庙会从原来每月两次，增加到逢一、二、九、十均开庙，成为当时北京城中庙会次数最多、最为繁盛的庙会。

二、护国寺庙会

护国寺庙会与隆福寺庙会并称"东西二庙"，其繁盛热闹程度可与隆福寺媲美。护国寺位于西四牌楼北，原为元代丞相托克托的住宅，后来改建成寺。清康熙六十一年（1722）开庙设市，由于旗人的宅门大多在西城，清代北京的城市结构中有"西贵"之说，日常所需多取自庙会，因而护国寺庙会兴盛一时。护国寺庙会自山门起，东西两侧摆满了售卖山货日杂用品的摊子，出售布匹、绸缎、古玩字画、眼药、食品、纸张、文具等多种商品。其中最为突出的是"百本张"的唱本摊，出售京剧、鼓词、单弦的唱本。为了多赚钱，"百本张"将整本唱本拆

中国风俗图志·北京卷

鼓曲

分成多个单薄的小册子，结成套书来卖。顾客要想看到全本，只能将一套都买下。护国寺庙会也是"什样杂耍"聚集的地方，把式年的把式、鸭蛋刘吞宝剑、弦子李光的弦子、照九州测字等都是护国寺庙会吸引人之处。

三、白塔寺庙会

白塔寺，正名妙应寺，由入仕元朝的尼泊尔匠师阿尼哥主持修建，是一座白色藏式佛塔。白塔寺塔身环绕七条铁箍，关于其由来，北京流传着许多传说。①白塔寺在阜成门内，与护国寺相距不过二三里之遥。不少商贩赶完白塔寺庙会又去赶护国寺庙会，因而白塔寺庙会商贩出售的商品和表演的杂耍与护国寺多有相同之处。白塔寺庙会的特色商品是木碗，在当时颇受欢迎。家里有孩子的，逛白塔寺庙会常常会买几个木碗给孩子用。白塔寺的塔院地方不大，却集中着不少卖泥饽饽和木陀螺的货摊，对于孩子来说是个十分有吸引力的地方，不用花几个钱就可以买到喜欢的玩具。白塔寺外的市场有卖蛐蛐儿罐、蝈蝈儿葫芦、鸟笼的市场，做工精细的蛐蛐儿罐、蝈蝈儿葫芦、鸟笼是这里的抢手货。

四、土地庙庙会

土地庙也叫"都土地庙"，位于宣武门外下斜街路西。土地庙处南城之西，周围多为菜农、花农、五行八作之人，他们多来此出售农副产品，购买生活、生产用品。因而庙会上很少看到珠宝玉器、古玩字画之类，多是市民日常使用的锅碗瓢盆，藤竹制作的家具，以及农民所需的农具、种子秧苗，工匠所需的器具。土地庙往南数里，便是京城的鲜花产地——丰台十八村。每到庙期，丰台十八村的花匠们或推车，或挑担，满载鲜花于此，为土地庙庙会增色不少。到了秋天，以菊花品种最多，北京的居民来此地赶庙会的，多会买上几盆菊花。土地庙庙会的另一特色商品是鸡毛掸子。民国时期，土地庙附近一带聚集着一大批制作扫帚、鸡毛掸子、家具、陶器的工匠，其中以鸡毛掸子最为出名，"短者尺余，高者丈余，望之如长林茂竹"。

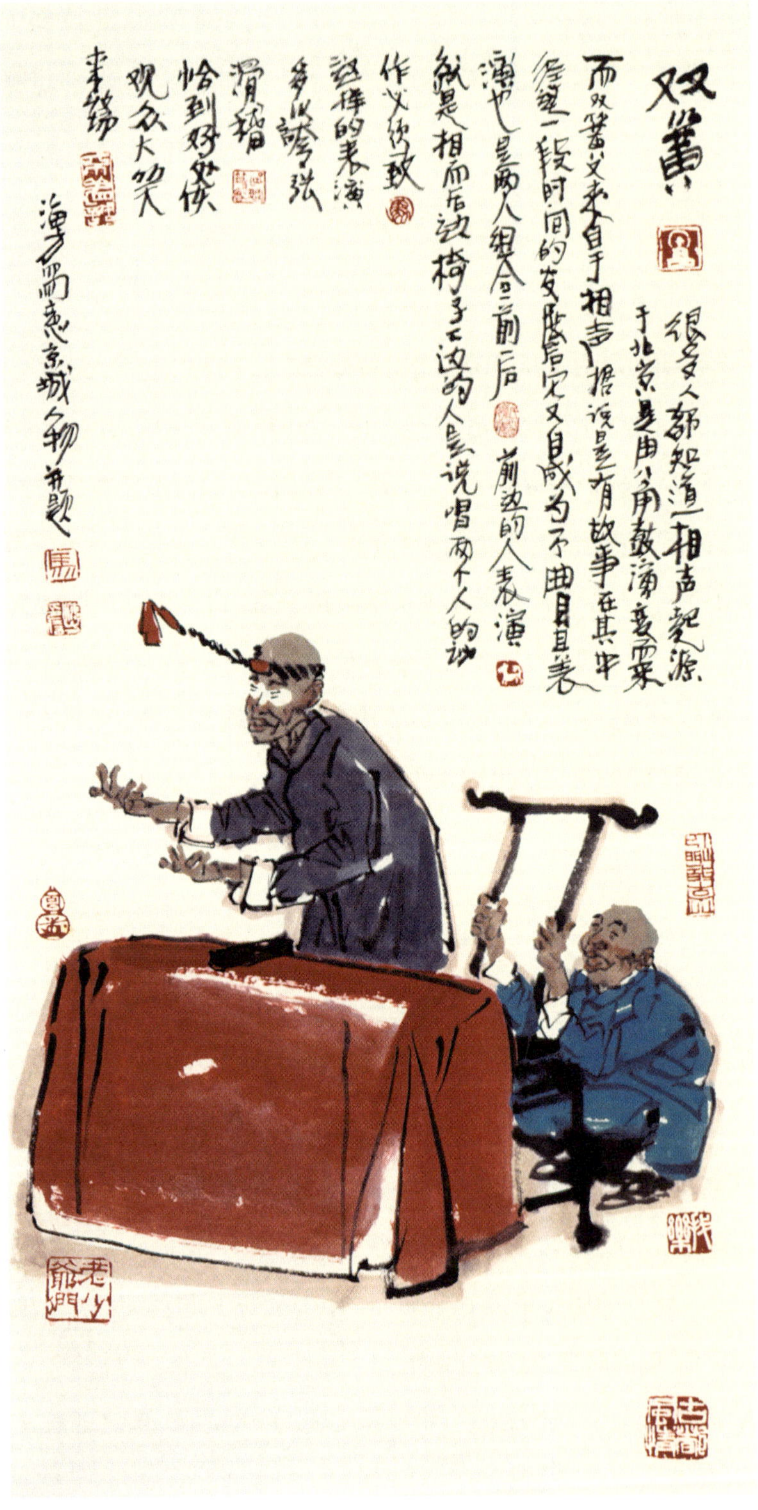

中国风俗图志·北京卷

双簧

五、花儿市庙会

花儿市是位于崇文门外的一条大街,原名神木厂大街,是明代宫廷堆放木料的地方,清代这里聚集着大量制作"京花儿"的作坊,于是改名为花儿市。"京花儿"是一种用绢、绒、纸等制作的假花,老北京人常佩戴于头上或衣襟上,也用于蜜供的插花儿,称为"供花儿"。花儿市大街的都灶君庙②和火神庙均有庙会,都灶君庙每年开放一次,火神庙庙会则定期开放。都灶君庙在京城灶君庙中的地位最高,每年八月初一至初三开庙,京城的厨行在此祭祀灶王爷。火神庙供奉火德真君,庙虽不大,却是花儿市庙会的中心。花儿市以东是广渠门,以南是左安门,都邻近农村,到此赶庙会的也多为郊区的农民。花儿市庙会的特色商品是竹柳山货,广受欢迎。西花儿市的摊贩多出售日杂用品、木器家具、大小农具、牲口挽具。西花儿市大街还集中了一些布店,与前门大栅栏、王府井的大的绸布店不同,来这里买布的都是收入较低的市民和农民。

第三节 酬神祈福的庙会

与五大庙会以商贸为主不同,东岳庙、白云观、雍和宫、财神庙③、妙峰山等庙会虽然也有庙市,但规模普遍不大,庙会活动更多的是以酬神祈福为主,与老北京的民俗信仰息息相关。

开道锣,古北京人迎亲花轿队伍前行的弟一景,开道锣一响迎亲也就开始往……

开道锣

徐这个时看热闹的也出现在街头,可以说是当时最有看头的景。

开道锣

一、东岳庙庙会

北京曾流传着这样的俗语:"活着不去东岳庙,死了无着落。"东岳庙供奉着东岳大帝,传为泰山神,司人间的生死、善恶、贫贱、疾苦,总管七十二司。④元朝至正三年(1343),道教正一派在大都城齐化门外建造了供奉东岳大帝的东岳庙。后来,东岳庙成为道教正一派在北方最大的道观。清代,每逢东岳大帝诞辰,太常寺都要派官员致祭。东岳大帝诞辰日的祭祀已成为国家正祀的一部分。

东岳庙平时初一、十五开庙;春节期间庙会时间从初一至十五,延续半月;每年三月二十八日为东岳大帝的诞辰,自三月十五日开庙,至三月二十八日结束。岱宗宝殿是东岳庙的主殿,供奉"东岳天齐仁圣大帝",开庙期间香火最为旺盛。为了请求东岳大帝保佑生人,超度亡者,香客蜂拥而至。庙内还有七十二司、各行业的祖师爷、碧霞元君、月老、喜神、财神、药王等神像,人世间的生老病死、功名利禄、善恶因果都可在此找到司职的神灵,《京都风俗志》中有"盖此庙诸天神像最全,故酬神最易"之说。因而东岳庙庙会酬神祈福还愿的香客众多,拈香、还愿、献供、放生的香客争先恐后。老北京"五行八作"还组织了各种"善会",诸如掸尘会、献花会、灯笼会、蜜供会、施茶会、献盐会、白纸献花会等,为庙里及香客施舍和义务服务("助善")。庙会期间,散司、拴娃娃、挂线、摸铜骡子等是庙会常见的活动。

1.散司

东岳庙七十二司分列在庙内左右回廊,各司皆有"职掌"。里面的塑像分为善像和恶像,善像面容和蔼,恶像则恐怖狰狞。里面还有上刀山、下油锅、拔舌头等地狱景象,在世间作恶之人在地狱中都难逃酷刑煎熬。种种情形,让人毛骨悚然,也应了东岳庙庙门的对联"阳世奸雄,伤天害理皆由己;阴司报应,古往今来放过谁"。庙会期间,香客尤其是病人痊愈后要到七十二司逐一磕头烧香,意为灾难已满,各司的香都已经烧到,称为"散司"。

2.助善

庙会期间,北京各行各业的善会争相来此"助善",也是东岳庙的一景。白纸会负责将大殿内所用的纸制品更换一新,净水会定期更换神像前净水瓶内的净水,净炉会则定期清理神像前香炉中的炉灰,掸尘会负责打扫殿宇。掸尘会掸尘之时,要敲锣助盛,在锣声中用掸子

拉硬弓

将神像前的香案和神位掸干净。还有放生会,在庙会期间,举着会旗,遇到贩卖鸟儿或提着笼中鸟的人,便上前作揖,道一声"您多虔诚",然后不由分说,打开笼门将鸟儿放生了。如果对方不悦,发生争执,也必有助善者周旋调处。

3. 挂线

东岳庙内有月老殿,供奉月下老人,专事人间姻缘。殿外有一副对联:"愿天下有情人终成了眷属,是前生注定事莫错过姻缘。"来月老殿求姻缘的,可到月老殿烧香祷告,用彩线挂在月下老人的身上,据说就可促成美满的姻缘。

4. 摸铜骡子

文昌殿里有一匹铜骡子,据说是文昌帝君的坐骑——"特",是一种非驴非马的神兽。上香的香客游客到了东岳庙,免不了来摸铜骡子。传说这只神兽可治愈疾病,摸头可治头疼,摸脚可治脚疼,摸它的下腹可以求子得子。铜骡子被摸得久了,通体发亮。

5. 拴娃娃

东岳庙有广嗣殿,香火非常旺盛。广嗣殿供着"九天生监明素真君"和"九天卫房圣母元君",老北京人直接称他们为"子孙爷爷""子孙奶奶"。每到庙会,没有子嗣的妇女便会到此求子。大殿神像前的香案上放着许多泥娃娃,白胖可爱,笑容满面。求子心切的妇女在子孙爷爷、子孙奶奶前烧香叩拜完了,从香案上选个娃娃带回家中,俗称"拴娃娃"。要是来年真的有了孩子,还需要来还愿,还个泥娃娃回去。

6. "机灵鬼儿、透亮碑儿、小精豆子、不吃亏儿"

老北京有句俗语,叫"机灵鬼儿、透亮碑儿、小精豆子、不吃亏儿",这既是形容小孩子聪明伶俐,也是在说东岳庙的四块石碑。"机灵鬼儿"指的是位于东碑林的一块石碑,碑座两侧分别刻着一个小道童,手持灯笼,无论你从哪个角度看,小道童都在微笑地看着人。"透亮碑儿"是西碑林炳灵公殿前的一座石碑,龙身处镂刻出六个孔,透过碑首,可以看见站在碑后的人,因而称为"透亮碑儿"。"小精豆子"是岱岳殿月台西侧的一块青石条,上面镶嵌着粒粒如豆状大小的金点,雨后闪闪泛光,犹如小金豆子。顺口溜中,又叫成了"小精豆子"。"不吃亏儿"是石碑座的图案,刻画的是一群淘气顽皮的小猴子,刚刚捅了马蜂窝,马蜂飞舞,小

庙会归来

猴子们抱头逃窜。每到庙期，总有许多人饶有兴致地去找这四块碑，这也成为逛东岳庙的一大趣事。

二、白云观会神仙

白云观是北京最大的道观，长春真人丘处机曾主持该宫观，死后也葬于此。因而，白云观是道教"龙门派祖庭"，号称"全真第一丛林"。白云观庙会正月初一开始，至十九日结束，长达十九天。当时逛白云观庙会的人，大多出宣武门，顺护城河出西便门，在西便门雇上头小毛驴骑去白云观，骑小毛驴逛庙会成为当时一景。庙会期间，白云观附近摊棚林立形成庙市，所售物品以香烛纸箔用品最多，次为各种食品，还有些儿童玩具，竹筐、柳筐之类的日用品。也有附近城乡的狮子会、高跷会、旱船会过来进香。白云观庙会的特色并不在于庙市和香会，香客游人主要的活动是"摸石猴""顺星""会神仙""打金钱眼"等，尤以正月十九"会神仙"最为盛大。

1.摸石猴

白云观山门的门洞里有一个十厘米左右的石猴。老北京人传说，用手摸石猴的不同部位，可以治疗不同部位的疾病。腿疼的可以摸石猴的腿，胳膊疼的就摸石猴的胳膊，腰疼的摸石猴的腰，摸到石猴这些部位后，相应的疾病便没了。由于石猴在山门处，摸石猴就成了逛白云观庙会的第一个活动。不管有病没病，来往香客游人总会去摸摸石猴，久而久之石猴表面光滑如镜，通体光亮。

2.顺星

正月初八是顺星的日子，传说中诸星在这一天下界。白云观专门为顺星活动建了元辰殿，供香客游人顺星，因而又被老北京人称为"顺星殿"。元辰殿里布置了六十位星宿的塑像。在正月初八日夜里，元辰殿里法器鸣响、钟鼓大作，道士们身着法衣，诵经祈福。此时，整个白云观人山人海，前来顺星的香客人头攒动。"顺星"就是到殿内找到自己的本命星宿拜祭。比如你是甲子年生人，你的本命星宿就是甲子太岁金辫大将军，找到你的本命星宿，就在星宿前跪拜、烧香、布施。人们相信，这样会得到本命星宿的护佑，一年顺遂。

捏面人

老北京有的在家中顺星，即在院子的长桌上点燃一百零八盏灯或四十九盏灯，也可以按家中最为年长的年龄燃灯。祭祀之后，将灯散放在房屋各处，称为"散星"或"散灯花"。散灯之后，本命年的人要在家里"守灯"，直到灯全部熄灭，其他人都可以出门上街看灯。当然，最为隆重的当属去白云观元辰殿顺星了。

3. 会神仙

传说正月十九日，丘处机要降临人间，超度有缘者，以至北京形成了"燕九"的习俗，俗称"会神仙"。《帝京岁时纪胜》记载："（长春）真人生于宋绍兴戊辰正月十九日，故都人至正月十九日，致醑祠下，为燕九节。"《燕京岁时记》中记载："白云观……每至正月，自初一日起，开庙十九日，游人络绎，车马奔腾，至十九日为尤盛，谓之会神仙。相传十八日夜内必有仙真人下降，或幻游人，或化乞丐，有缘遇之者，得以却病延年，故黄冠羽士，三五成群，跌坐廊下，以冀一遇……"传说中，丘处机在这一天降临人间后，幻化为游人、乞丐、老妪、道士，来点化有缘人，如果有幸遇到，即使不羽化成仙，也能祛病延年。这一夜，白云观灯火通明，香客游人们也都留宿在观中，整夜不睡，留意往来行人，看看是否有异常的景象，希望能遇到神仙。每年的"会神仙"，自然会流传许多奇闻异事，时常会有乞丐、道人模样的人忽然言行怪异，越是怪异，香客游人对其越是有求必应。这一夜，卖食品的摊贩们也是整夜不睡，叫卖之声不绝于耳。虽然"燕九"的十九日为正日子，但是高潮却在十八日夜里，第二天待向丘祖殿上香之后，为期长达十九天的白云观庙会便结束了。

4. 打金钱眼

"打金钱眼"是白云观庙会另一个吸引人的活动。"顺星"和"会神仙"只是在庙会特定的日子进行，"打金钱眼"从初一到十九，天天都可以。白云观山门有座名为"窝风桥"的石拱桥，传说是丘处机与僧人斗法时留下的。⑤窝风桥下既没有河，也没有水，只有个石头砌成的大坑。窝风桥的两个桥洞上各悬挂着一枚直径达一尺多的大木钱，外圆内方，漆以金色，名曰"金钱"，方孔内挂着一个铜铃，能打中铜铃即意味着可以发财得福。到白云观的许多香客游客为了得个好彩头，争相用铜钱投射，希望能有好运。

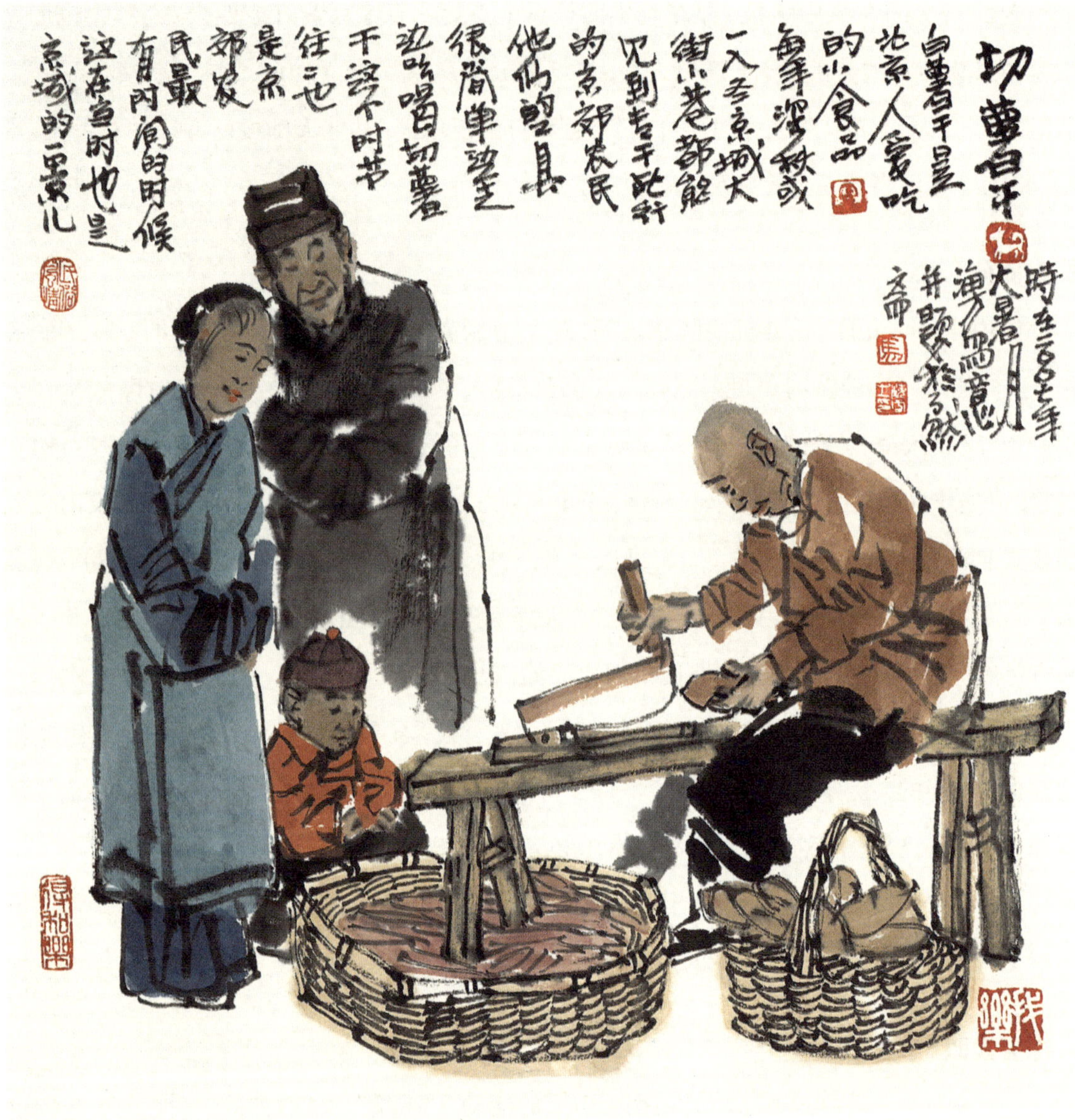

切薯干

切薯干

三、雍和宫"打鬼"

以"打鬼"而闻名的雍和宫庙会,是春节庙会的最后一个高潮。"打鬼"是北京人对藏传佛教"跳布扎"的俗称。所谓"跳布扎",是藏传佛教举行的一种"驱魔散祟"仪式,届时喇嘛们戴着狰狞的面具,装扮成鬼神歌舞,借此驱逐恶魔、瘟神、鬼祟。北京的雍和宫正月三十日庙会的主要内容就是"跳布扎"。"跳布扎"分为"跳白鬼""跳黑鬼""跳螺神""跳蝶神""跳金刚""跳星神""跳天王""跳护法神""跳白度母""跳绿度母""跳弥勒""斩鬼""送祟"共十三幕进行,一共要跳三天,第一天演鬼,第二天打鬼,第三天转寺。"转寺",即喇嘛们围绕着雍和宫跳一周,至此跳布扎仪式结束。跳布扎时,前来观看的香客众多。虽然雍和宫庙会宗教色彩浓厚,但是也形成了春节期间最后一个庙市。"打鬼"期间,雍和宫外摆满了卖玩具和食品的货摊。因为已是正月末尾,摊贩们出售的大多是春节期间的剩余货物,希望趁着最后的机会,把货物卖出去。民国时期的报纸记述说:"从北新桥王大人胡同往北,到雍和宫庙门两侧,大批小贩摆满了摊子,出售风筝、风车、空竹、大糖葫芦等。凡是来逛庙的,就像逛厂甸似的,没有一个人不买回一两样东西,以助游兴。"

第四节 妙峰山庙会与老北京的香会

虽然大多数庙会都逐渐演变为以游乐贸易为主,但是被称为"金顶"的妙峰山始终以香火著称,庙会的特色也在于香会的朝顶进香。妙峰山碧霞元君祠建于明末崇祯二年(1629),当时娘娘庙已有"五顶"的说法,妙峰山则后来居上,被称为"莲花金顶妙峰山",成为北京乃至华北地区朝顶进香的圣地。妙峰山庙会每年四月初一开山,庙会高潮持续到

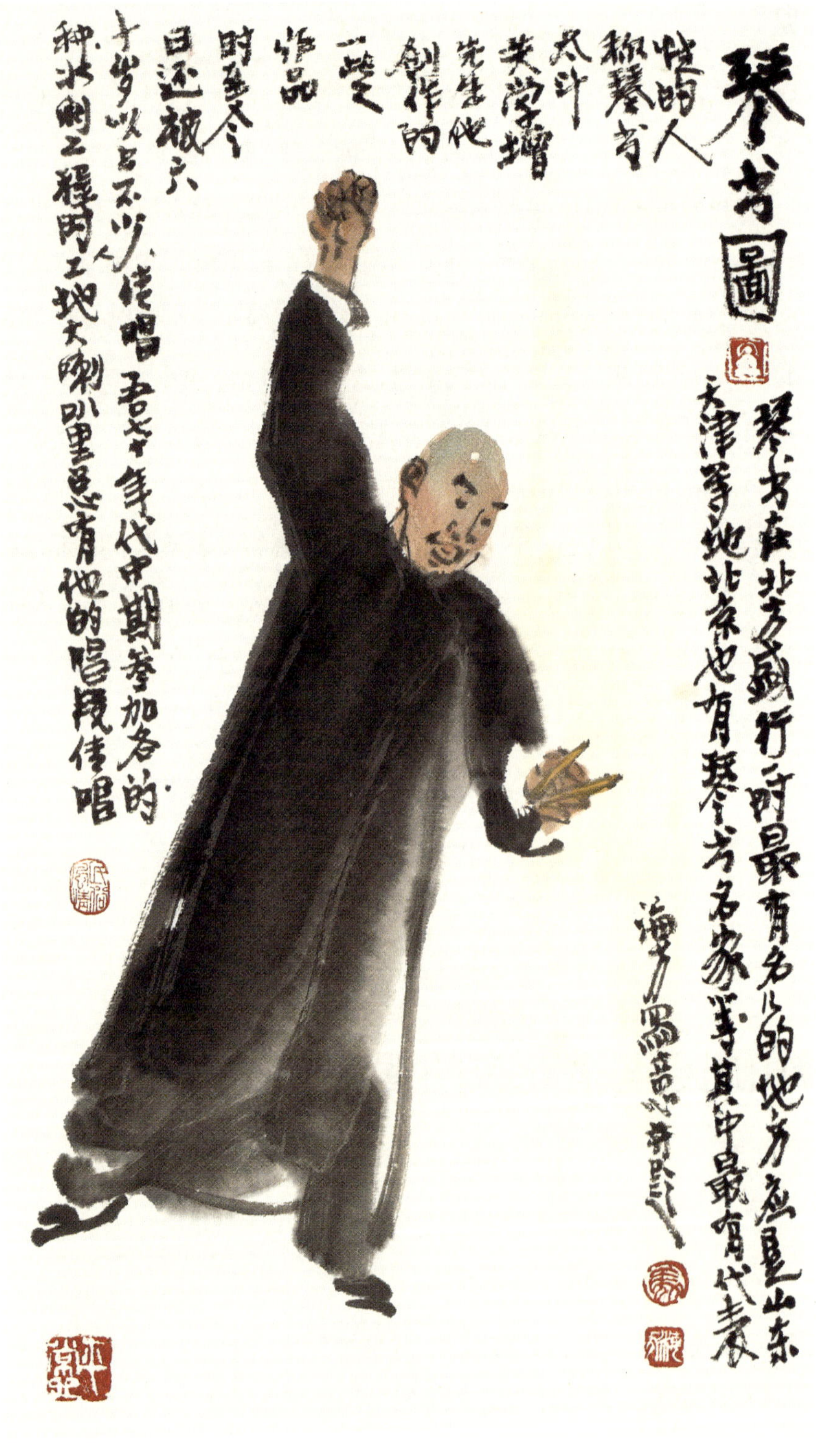

琴书图

十五，四月二十八封山，时有"香火之盛，实可甲于天下也"的说法。而妙峰山庙会最大的特色，就是前来朝顶进香的香会，号为"幡鼓齐动十三档"。

一、妙峰山的香客

农历四月到妙峰山朝顶进香曾是北京乃至华北地区香客的头等大事。妙峰山海拔1291米，深处京西山区，在过去朝顶进香颇为艰难，北京的香客多自阜成门、西直门、德胜门出发，形成了四条进香的道路。由于历时较长，香客们自三月中旬就要开始筹备，三月下旬就要启程。一时之间，几条香道上每天都有数以万计的香客向金顶进发。

香客朝顶进香又称"保香"，要求心怀虔诚，不能有丝毫的恶念。如果实在不能朝顶进香，可以托人带去一块写着"供奉于天仙圣母驾前，信士弟子某某敬献"的木制香牌，到达妙峰山时往碧霞元君祠前香池里一扔，名曰"代香"，也算朝顶进香了。

到妙峰山朝顶的香客可分为祈福的、许愿还愿的和观光的三种类型。纯粹来此观光的，称为"阔香"；祈福和许愿还愿的叫作"苦香"。来妙峰山祈福者最多，自带干粮和香烛供品，一路颠簸却满怀喜悦而来。许愿还愿的多是因为家中父母或亲人病重，他们挎着黄布包，目不斜视，一边走一边喊"虔诚"。有的则几步一拜，一直拜到庙内。还有的香客为表极度虔诚，或披枷带锁，或身背马鞍，一路爬行到山顶。香客之间无论是否认识，在庙内、香道上都互道"虔诚"，有"道个虔诚问声好，人人知是进香还"的说法。

香客朝顶进香后，还会到庙外的货摊上买些绒布做的蝙蝠、老虎、蝴蝶形状的花，戴在头上，名为"带福还家"。妙峰山下的涧沟村的村民也在庙会期间支上小摊，出售当地的玫瑰花酱、桃木棍、草帽、筐子之类的特产，当地称为"庙秋"，意思是像秋天丰收一样有笔不错的收入。香客自妙峰山山顶下山，叫作"回香"。回香时，无论认识不认识的人，也都要互相说声"带福还家"。

二、香会

香会是一种民间自发组织的朝顶进香的团体，新中国建立后，改名为花会，取"百花齐

赛活驴

放"的意思。北京的香会最早建于明朝嘉靖年间,东岳庙和马驹桥的碧霞元君祠就已经有香会的身影。清代,香会以碧霞元君祠为盛,又以妙峰山为最早。过去,北京的城乡均有香会,一年四季都有活动。当寺庙开庙时,香会便会到庙会上表演,老北京称之为"香道会"。北京最大的香道会,就是妙峰山香会。届时,不但北京城乡的香会去朝顶进香,天津、河北的香会也都会赶来。

香会又叫作善会,每个香会均有"会万儿",即香会的名称,如金峰普照燃灯老会、千秋永乐茶会之类。成立香会必须要贺会,要经过在场的香会的认可,才可以到妙峰山朝顶进香;否则,则为"黑会"。新成立的会叫作"圣会",有了一些年头的会就可称为"老会"。香会有的按地区,有的按行业组织来,香会成员平时各有职业,朝顶进香时便集中起来。香会设有会首,又称"把儿头",尊称为"都管"。走会的时候,会首手拿三角旗在前面指挥,称为"前引"。每年三月,各香会到处张贴会启,写明朝顶进香的行程安排、启程时间、朝顶时间、所经路线等。

到妙峰山朝顶进香的香会分为文会与武会。文会为香客服务,武会则为神灵和香客表演。无论是文会还是武会都是义务的,分文不取。

1.文会

文会并不表演技艺,而是给茶棚或者寺庙提供物资,为过往香客服务。文会种类众多,最为常见的有茶叶老会、馒头老会、献盐老会、鲜花老会、缝绽老会、供碗老会。而茶棚则设有碧霞元君的画像或塑像,称为"娘娘驾"。茶棚被视为"老娘娘的行宫",是"老娘娘施恩泽的地方"。在开庙之前,文会便会忙碌起来,有的负责修路,在路旁安灯,设大号茶棚,修理庙内的房屋和器具。缝绽老会则提前到达香道或山顶,准备为进香的香客缝补鞋子。粥棚和茶棚的执事看见香客,便高喊:"先参驾,后落座,喝粥喝茶。"意思是先向神行礼,再喝茶喝粥。喝茶喝粥时也务必喝完,不能泼洒。如有"苦香"的香客到来,如身背马鞍一路叩拜而来的香客,茶棚要负责护送。

2."幡鼓齐动十三档"

武会是表演性的香会,种类繁多。在会规之内的武会,老北京人称为"幡鼓齐动十三档",在献艺的过程中有着一定的次序,北京的香会界流传着这样一段顺口溜:

旧京天桥民间杂耍图

> 开路打先锋,五虎紧跟行。门前摆设侠客木,中幡抖威风。狮子蹲门分左右,双石门下行。掷子石锁把门挡,杠子把门横。花坛盛美酒,吵子音乐响连声。杠箱来进贡,天平称一称。神胆来蹲底,幡鼓齐动庆太平。

顺口溜中的十三档会构成了一个与"老娘娘"及娘娘庙宇象征性的联系。在行香走会的看来,每个武会都是妙峰山娘娘庙里的一个摆设,都是组成妙峰山神圣信仰不可或缺的一部分。

"开路打先锋"指的是开路老会和五虎棍会。"开路",就是"耍钢叉",也叫"飞叉"。在走会时,开路会总是在花会队伍的最前面表演,意为用飞叉开路,扫除走会途中的妖魔鬼怪,为前来参加庙会的各路神仙清除道路上的障碍。开路会每次走会,以舞叉开路。舞叉也称为飞叉,钢叉长五尺,其上系有铃铛,一舞即响。表演的时候,表演者舞动钢叉,或将钢叉抛向半空再稳稳接住,或环绕全身挥动钢叉,整个过程,钢叉不落地,动作连贯、惊险,使观众不自觉退让,开出一条通道。走会通常表演的是《五鬼提刘氏》等故事。

"五虎紧跟行"即"五虎棍",表演的用意是为朝顶进香的香客清除进香路上的障碍。表演五虎棍,其表演内容取材于宋太祖赵匡胤棒打董家恶霸"五虎"的故事,由于赵匡胤、郑子明和董家"五虎"双方使用的武器皆为棍,故名"五虎棍"。

"门前摆设侠客木"意指高跷秧歌。高跷秧歌又称"侠客木",共有十二个角色,象征庙宇前的十二根栅栏。演员脚踩高跷作舞。表演的情节多取材于八仙、西游和水浒等故事,如三打白骨精、三打祝家庄等。高跷秧歌吸取了戏曲的表演技巧,演出中会即兴唱短曲,打趣说笑,非常诙谐。

"中幡抖威风"中的"中幡",又叫大执事。它象征着庙门的大旗。"中幡"主体是一根粗壮的竹竿,高达数丈,重约百斤。上端有一顶小伞,缀着数个铜铃,再挂上由各色彩绸制成的幡旗,幡面绣有中幡会的名号。表演者不用手扶,将中幡稳稳竖立在手背、肩膀、肘部、脑门,甚至大拇指、小拇指、牙齿等身体各个部位,还可以多人互相抛接,中幡始终不倾斜。

"狮子蹲门分左右"意指狮子会。狮子即代表娘娘庙门前的那对石狮子。狮子分为太狮、少狮两种。每会太狮为两只,少狮数目不限。太狮由二人合作演练,一人作为狮头,下身为前腿,另一人扮作狮子的后半部分,二人协作表演各种动作。少狮为一人独演,演员披架着狮子道具,模仿狮子起舞。

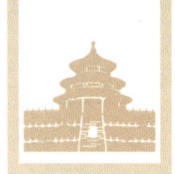

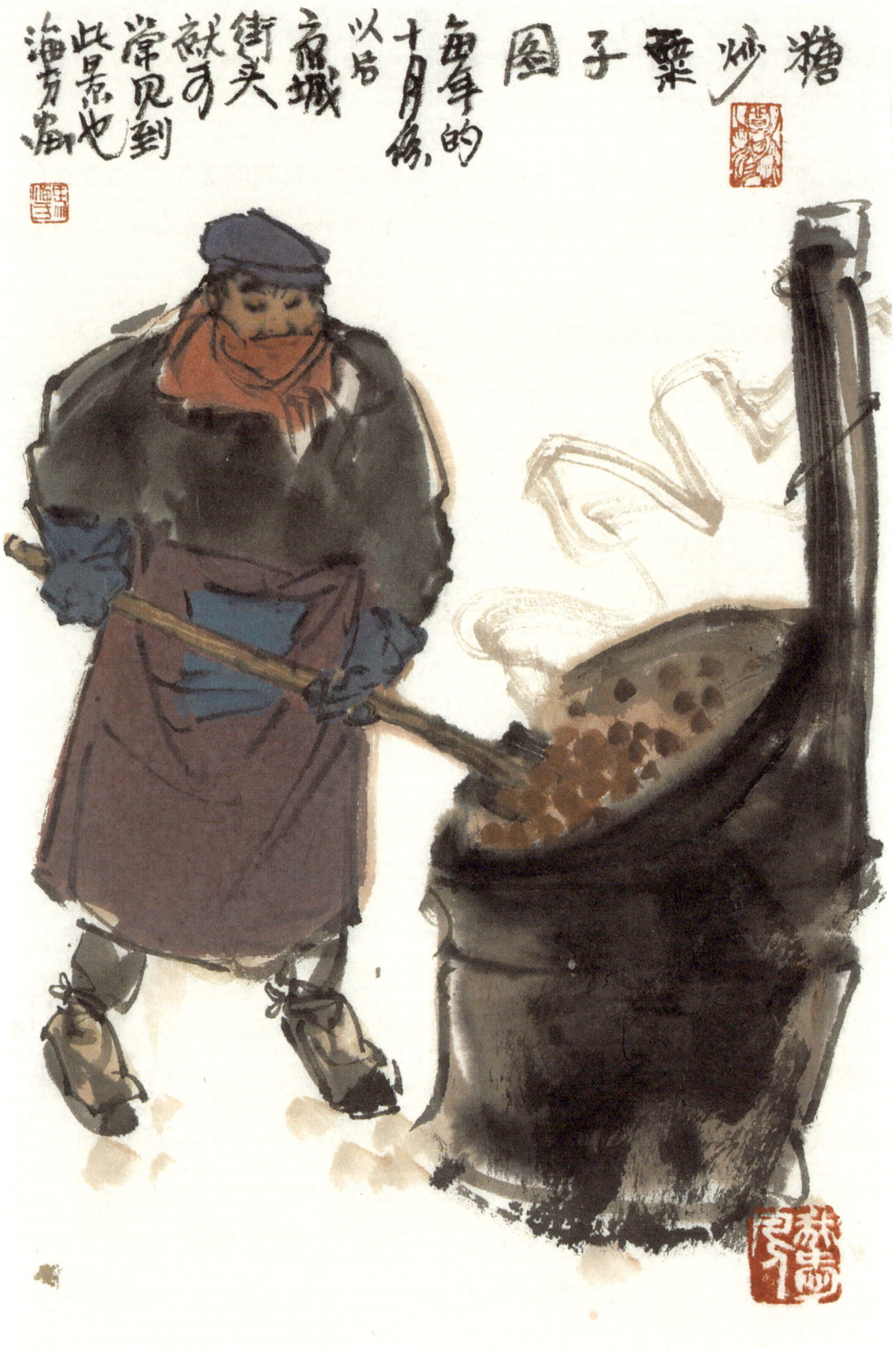
糖炒栗子图
每年的十月份以后京城街头就可常见到此景也
海方画

糖炒栗子图

"双石门下行"意指双石会。双石代表庙里的门槛。道具是一根柳杠,两端装有圆形石块,故称"双石"。双石大至百余斤,小至四十斤,演员除了舞弄石担外,还能仰卧地上,双脚托起一副石担,由几位演员在石担上叠罗汉和拿顶,人称"千斤石",乃所有会中最难练的会。

"掷子石锁把门挡"中的"石锁",又叫掷子。石锁即表示庙门上的锁。石锁用石料做成,其状如锁,最重的可达一百多斤。石锁通常是一人举耍,也可多人抛接,既需力量,又需技巧。

"杠子把门横"意指杠子会,这是以练杠子为内容的武会。杠子象征庙里的门闩。木杠则呈"人"字形被绑在大车上,演员们在上面做各种动作,如拿大顶、翻跟头等。

"花坛盛美酒"中的"花坛",又叫顶坛子。花坛代表供桌上盛放圣水的坛子。表演用的花坛是荆条编织的,坛子里面装有四个铜铃。表演时,表演者将坛子从地上抓起来扔到空中,用头接住,颠起来落至胸部,再顺势滚至脚面,用脚尖钩住,掷于空中。双人表演主要是对扔对接,也是用头顶接。

"吵子音乐响连声"意指吵子会,又叫献音圣会。吵子象征庙里钟鼓楼中的钟。吵子会以演奏乐器为主,有单皮鼓、唢呐、铙钹八扇(各四副)等,分为文和武两种。文吵子只演奏乐器,有着固定的鼓点、节奏。武吵子添两面大鼓,有成套的动作,有对打、节节高、翻身打、苏秦背剑、金鸡斗亮扇等名目。

"杠箱来进贡"意指杠箱会。杠箱中装的是献给神灵的钱粮纸码等供品。走会时,走在前面的是抬着箱子走的八个人,抬箱者有时跳着走。最为有趣的是,其后有一位身穿红袍,头戴乌纱帽,留着八字胡的"官老爷",称为"杠箱官"。这位"官老爷"身后有人打伞,"官老爷"骑在一根竹竿上,总是和周围的人打趣嬉笑。观众可以随意向"官老爷"鸣冤告状。常有人向"官老爷"诉苦,说苛捐杂税太多。"官老爷"则煞有介事地说:"本老爷有五房姨太太,不多收点税,怎么过日子?"杠箱官的后面则是些"衙役""师爷"之类,行进队伍也打着"肃静""回避"的牌子,像极了旧时官员出巡。

"天平称一称"意指天平会。天平会代表称供品的天平。天平会是以唱为主的香会,天平即"什不闲莲花落"民间小调。以竹四片,摇之以为节,号四块玉。伴奏的乐器有一副天平架子。天平架子是木头制作的,顶杆两端雕有龙头,架子上悬挂两个或两副小钹和一面扁鼓。

"神胆来蹲底"意指挎鼓会,又叫大鼓会。大鼓会之神胆就是钟鼓楼中的鼓。挎鼓比一般的鼓要大,表演的时候用宽布把鼓挎在脖子上,左手扶鼓,右手用鼓槌击鼓。上场的表演

者以十二三岁的少年为主,分列两行,共十二人,脖子上挎鼓,由成年壮汉击打。少年则随鼓点翻跟头,做动作。

民国初年,随着社会生活的变化,传统花会的会规也发生了相应的变更。在这个时期,北京的庙会中的武会又新增加了三种:小车会(云车)、旱船会、自行车会(踏车会)。会规内的会由十三档变成了十六档。这三种会都有自己参加妙峰山香会的理由,即它们都是为碧霞元君服务的。小车会为碧霞元君在旱路运送钱粮,旱船会则在水路运送,自行车会则主动积极地为碧霞元君去五方催讨钱粮。它们这各自合情合理的借口不但得到其他老会的首肯,也得到一般民众的认同。为此人们重新编造了十六档会的歌诀,以示新秩序、新规范的成立:

> 金顶圣驾在居中,黑虎玄潭背后拥;清音童子谨守驾,四值功曹引大同。杠子门闩掷子锁,一对怪兽把门封;花脖吵子带挎鼓,开路打路是先锋。双石杠箱钱粮柜,圣水盛在花坛中;秧歌天平齐歌唱,五色神幡在前行。前有前行来引路,后有七星蠹旗飘空中。真武带领龟蛇将,执掌大蠹在后行。门外旱把船驾等,踏车云车紧跟行。⑥

注 释

①白塔寺的传说参见第八章《传说中的北京》之"白塔寺的传说"。
②关于都灶君庙的传说可参见第八章《传说中的北京》中"皂君庙的铁狮子"。
③即五显财神庙庙会,庙会活动见前文。
④亦有东岳庙七十六司的说法。为了行文方便,文中将东岳庙内的诸司统称为"七十二司"。
⑤详见第八章《传说中的北京》中"白云观"与"天宁寺塔的传说"。
⑥隋少甫、王作楫:《京都香会话春秋》,北京燕山出版社,2004,第16—17页。

第八章　传说中的北京

北京特有的历史沿革和地理环境，使得有关北京的传说题材十分丰富——北京的建城传说、胡同传说、庙宇传说、老字号传说、风物传说等，涉及了北京的地貌地形、山川形势、景物特征，描绘了各种风土人情和生活样态。这些传说至今流传在北京人街头巷尾的口头叙述中，是构成北京口头传统文化的重要组成部分。人们通过代代相传的传说，对北京城的历史、习俗、风物注入了自己极富想象力的解释，也融入了自己对于这座城市的情感。

第一节　北京建城的传说

在老北京的传说中，修建北京城的系列传说尤具传奇色彩，生动地讲述了老北京人想象中北京城的起源、建设、布局，在一定程度上折射出了当时历史的影像。旧京有这样的俗语："南修城墙挡大水，北修城墙挡'鞑兵'。""北修城墙挡'鞑兵'"与明初北平城面临北元的军事压力有关,"南修城墙挡大水"则与北京实际的水文环境关联在一起。因而,北京城建城传说总是与"水""龙王"联系在一起,在人与大水、孽龙的斗争中,北京城牢牢地屹立在曾经的"苦海幽州"之上。在这类建城传说中,人们发挥了不可思议的想象力,既有历史事实的影像,又把不同时空的历史人物移借其中。历史上的刘伯温、沈万三、鲁班,都并未参与过修建北京城,但在北京的建城传说中,这些人都对北京城的建设发挥了重要作用。传说中的刘伯温、姚广孝①既斗智又合作,共同设计、规划、建设被称为"八臂哪吒城"的北京城;沈万三则为建城提供了充足的钱财,虽然是被不断拷打的结果;鲁班作为工匠的祖师爷也时时现身,以解决北京建设中出现的问题。

一、刘伯温与八臂哪吒城②

提起北京城,很多老北京人都称之为"八臂哪吒城",为什么叫八臂哪吒城?又是谁修了这座八臂哪吒城呢?老北京广为流传着刘伯温修建八臂哪吒城的传说。

传说在久远的古代,北京城所在的地方叫作苦海幽州。当时的北京人吃的水可苦了,苦海幽州的人为了活下去,都躲在了西边、北边的山上,把这块苦海之地让给了龙王一家。不知道到了什么时候,来了个穿着红袄短裤叫哪吒的小孩,打败了龙王一家,苦海的水就渐渐退去,露出了陆地。哪吒就把各处海眼堵住,把龙王封在了海眼之中。自此,苦海幽州就不叫苦海,而只叫幽州了,人们就从山上下来,盖起了房子,种起了地。后来,元朝皇帝在这儿建了大都城。

再后来,明朝把元朝皇帝赶跑了,可大都城也残破了。大明朝的皇帝要修建北京城,就命令他的两个军师——大军师刘伯温、二军师姚广孝去修建北京城。刘、姚二人来到这里,就天天出去查看地形,琢磨怎么修这个北京城,这地方可是有海眼,海眼里有孽龙啊,修得不好就给破坏了,得想办法镇住龙王一家。刘伯温就往东城走,姚广孝就往西城走,各自画图,然后再两相对照,看看想的一样不一样。刘伯温就在现在东城这边转悠,忽然发现了个穿着红袄短裤的小孩在他面前蹦跶,还说了句:"照我这么画,不就成了吗?"等到刘伯温凑近看时,小孩又一闪不见了。一连三天都是如此,刘伯温就琢磨起来了:"这小孩是谁啊?为什么要说照他那样画?"忽然他想起来了,这个红袄短裤的小孩莫不就是哪吒,他提醒我按照他的样子建城,不就可以把孽龙一家子给镇住了吗?刘伯温有了底。第四天,他和姚广孝见面了，他们将各自画的图放在一起一看，两人画的都是八臂哪吒的样子。原来，姚广孝也见到了哪吒。两人一合计，那就照八臂哪吒的样子来修建北京城吧，两人就画起草图来。刘伯温说："这正南边的一座门，叫正阳门，是哪吒的脑袋。是脑袋就该有耳朵，正阳门的瓮城就东西开门吧，就当哪吒的耳朵；正阳门里的两口井，就当哪吒的眼睛。正阳门东边的崇文门、东便门，还有朝阳门、东直门，是哪吒这半边身子的四条胳膊。正阳门西边的宣武门、西便门、阜成门、西直门，就是哪吒的另半边身子的四条胳膊。北边的安定门、德胜门，就是哪吒的两只脚。"姚广孝直点头，不过也提出他的意见："哪吒光有身子还不行，还得有五脏啊。"刘伯温说："别急啊，你看城里四方形的皇城就是哪吒的五脏，天安门是五脏口，从五脏口到正阳门哪吒的脑袋，中间这条道儿就是哪吒的食道。"姚广孝笑道："那这两边的胡同，就是哪吒的肋骨了。"刘伯温哈哈大笑，八臂哪吒城的图纸就这样设计好了。

刘伯温要修八臂哪吒城的事，让龙王知道了，真真惹恼了他："要是建起这八臂哪吒城，我龙王不就永无翻身之日了吗？"这就又引出了《高亮赶水》的故事。

二、高亮赶水

刘伯温要建八臂哪吒城的消息，被海眼龙宫里的龙王知道了，老龙王恼怒异常："这八臂哪吒城一旦建起来，我们这一家子将永不能翻身啊。不行！我得趁着八臂哪吒城还没建好，把城里的水全给收了，没了水，活活渴死他们，这城也就别建了。"龙王想好了办法，第一天一早，就带着龙婆、龙子、龙女装扮成卖菜的，推着独轮车混进了正在施工的北京城。龙王到了城里，把蔬菜全给倒出来，然后让龙子、龙女分别变作两只鱼鳞水篓。龙子大吸一口，把城里所有的甜水都吸走了；龙女也大吸一口，把城里的苦水也都吸走了。老龙王和龙婆就推着独轮车，出了西直门，扬长而去。

刘伯温正在督造修城，忽然，有人大惊失色地跑过来说："军师，大事不好了！城里大大小小的井水一下子全都干了！"刘伯温一听，也慌了，可仔细一琢磨，他就明白了，能有这么大能耐的，只有此地的老龙王了，准是修建这八臂哪吒城惹恼他了。刘伯温马上吩咐人，查看有没有可疑的人出入北京城。很快就有人上报，在西直门看到过一个老头儿带着老婆儿，费力地推着独轮车，车上放着两个奇怪的鱼鳞水篓，已经出西直门一个多时辰了。刘伯温大呼：

"不好！怕是这城里的水都被龙王给装进水篓里了，真是太狠毒了，不追回来，北京城就没水吃了。"可是派谁去追呢？刘伯温说："看来现在只能把水追回来了。这事儿可不容易。一是要快，龙王要是把水倒入海眼，咱们就没水喝了。二是这事儿有性命之忧，要是被龙王发现，一准儿会放水淹人。"正在这时，一位叫高亮的小伙子站出来了："大军师，我去追回吧。"刘伯温一看这小伙，身体结实，神采奕奕，就说道："好吧。你拿杆红缨枪去追，追上后刺破水篓，赶忙往西直门跑，千万不要往回看。进了西直门，你就安全了。"

高亮拿着红缨枪，飞也似的赶水去了。出了西直门，高亮就开始犯嘀咕了，一条大道通往北边，一条大道通往西北，龙王到底走的哪条道？高亮一琢磨，军事说老龙王要把水倒入海眼，玉泉山有海眼，那就奔西北吧。高亮继续往前赶，又到了岔路，该走哪边？一看，一条道上有"车道沟"③，一定是独轮车轧出来的，还水汪汪的呢！就走这条道。高亮一路奔去，快到玉泉山时，终于瞧见了一个老头儿、老婆儿在路边歇着擦汗，旁边就放着独轮车，车上放着两只鱼鳞水篓。高亮高兴极了，悄悄地绕到龙王、龙婆的后面，举起红缨枪猛地扎向一只水篓，水篓哗啦一下就破了。正当高亮要扎向另外一只水篓时，龙王发现了，大喝一声："是谁让你破坏我的大事的？！"高亮一听，赶忙转身提枪就跑。身后的大水咆哮着冲向他，高亮头也不敢回，一路狂奔。眼看着西直门就在眼前了，刘伯温的相貌都看得见了，高亮一高兴，忘了刘伯温的嘱托，回头一看，没留神，一股大水直冲过来，把高亮卷入了洪流之中。打这儿起，北京城又有水了，不过因为高亮扎破的是装苦水的篓子，北京城的井里就只有苦水，要吃甜水，只能上玉泉山去取水。后来，人们为了纪念高亮，在他死的地方修了一座桥，叫作"高亮桥"。年深日久，人们又把"高亮桥"记成了"高粱桥"；追高亮的水冲出的水道，被称为"高粱河"。

三、北新桥的传说

老龙王被高亮坏了事，那之后去哪儿了呢？老龙王没办法，只好带着龙婆和那一篓甜水回到了海眼。可是，他哪儿能咽下那口气啊。可他又斗不过刘伯温，只好强忍着。终于等到刘伯温修好了八臂哪吒城，离开北京了，老龙王知道机会来了。于是他带领龙子在北京城里四处去顶海眼，要把海水顶出来以淹没北京城。可是，绝大多数的海眼都被刘伯温给镇住了。也算他运气好，还真给找到了一个海眼，就在今天北新桥这个地方。海眼被顶破了，滔天的海水涌了出来,眼看北京城就要不保了。万幸的是,刘伯温早就预料到,龙王这条孽龙一定不会善罢甘休,就让姚广孝在北京镇守。姚广孝看到洪水袭来,就手持宝剑,赶来跟龙王斗起来,最终把龙王擒获了。可怎么处置龙王呢?他要是再兴风作浪怎么办?姚广孝想到个好法子:他用铁链把龙王困住,锁在北新桥的海眼里,海眼上又修起了一个井筒子,这井就取名"锁龙井"。龙王眼看就要被锁到海眼了,就问:"姚军师,你要锁我到什么时候啊?就是一千年一万年,也得有个期限啊。"姚广孝指着旁边的桥,道:"等这座桥旧了,就是你的出头之日。"老龙王当然心存幻想,桥迟早会旧的。但是,姚广孝却将这座桥命名为"北新桥",那就再也旧不了了。传说,直到今天,老龙王还锁在那儿呢。

四、沈万三与什刹海的传说

老一辈的北京人将"什刹海"称为"十窖海"。为什么呢?"什刹海"的得名,还是与修建北京城有关。修建北京城总得要用钱啊,可是钱从哪来呢?这则传说就会告诉你,修城的钱从何而来。

刘伯温和姚广孝画了一幅八臂哪吒城的图纸,呈给皇帝看。皇帝当然高兴,可是江山初定,他也没钱。怎么办呢?刘伯温掐指一算,就对皇帝说:"北京城里有个叫沈万三的,是个活财神,找他要钱修北京城吧。"皇帝一听,那就找吧,甭管什么样的人,只要叫沈万三都给抓起来。于是,满北京城都在找沈万三,可是怎么也找不着。有一天,在鼓楼外,刘伯温发现了个穷要饭的,一问,他就叫沈万三。刘伯温把穷要饭的带到了皇帝面前,皇帝就说了:"现在要修北京城,需要一笔钱,你的钱呢?"沈万三哀求道:"你看我都要饭了,哪儿来的钱?"皇帝大怒:"军师说你有钱,你就一定有钱,给我打!"沈万三被打得死去活来,只得告诉皇帝:"带我到西边去,我带你们找银子。"沈万三就领着一帮人到了如今的北海后门一带,指指地面说:"就在这儿,挖吧!"一帮人挥起锄子,一连挖了好几天,也没挖到。众人恼怒,又把沈万三打了一顿,沈万三挨不住,拍拍手下的地,说:"就在这里,一定有。"又是一顿挖,终于刨出来一窖银子。只要沈万三往地上拍一拍,就能刨出一窖银子。就这样,一连刨出了十窖银子。这刨出的坑,后来续上了水,就被称为"十窖海"了。后来,因为这个窖的银子不够数,只有九窖九,还差一点,所以也叫"十差海",久而久之就被叫成了"什刹海"。

五、鲁班与白塔的传说④

在北京建城的系列传说中,鲁班也是北京城建设中的重要人物,作为工匠的祖师爷,他常常现身解决北京城建设施工中出现的问题。

八臂哪吒城建好了,皇帝对刘伯温很是满意,还希望他修建几座塔。刘伯温领了命,就找来鲁班商量修塔的事。二军师姚广孝也想给后人留点儿古迹,就找来鲁班的妹妹鲁姜修塔。

鲁班选址在北海中间的小岛上,鲁姜选址在阜成门里。⑤鲁班有个神鞭,一挥鞭就从西山赶来一大堆的汉白玉,每次路过阜成门,鲁班都顺带给妹妹留点汉白玉。兄妹俩都修了座白塔,鲁班的塔修得又高又大,很有气魄,鲁姜的塔则小巧灵秀。到了快修好的日子,二军事姚广孝就和鲁姜一起去看北海,偷偷观察鲁班修的白塔,发现白塔果然气势非凡。姚广孝就抱怨道:"你看,我们修的塔太小家子气了。"鲁姜一听很生气,就跑去跟哥哥借神鞭,要再赶些汉白玉,把塔修大点。鲁班没在意,就把神鞭借给了妹妹。到了晚上,鲁姜挥起了神鞭,她想,重修塔太慢了,干脆跟哥哥的白塔换个尖儿吧,最省事了。于是,她用鞭子把北海的白塔塔尖儿和阜成门内的白塔塔尖儿都从塔座上赶了下来,调了个个儿。北海的白塔塔尖儿大,把阜成门内的白塔压得严丝合缝。可是啊,阜成门内白塔的塔尖儿太小,压在北海白塔塔座上后,四周留了好些空儿。鲁姜也管不了那么多了,天一亮,塔尖儿就再也换不回来了。

第二天,天亮了,鲁班一看自己的塔成了这个样子,他就明白妹妹又任性捣蛋了,可是他也没办法了。这天夜里电闪雷鸣,闪电劈在阜成门的白塔上,把塔尖儿震出了好几道裂缝。

皇帝要检验工程了,看到刘伯温修的塔,笑道:"大军师修的塔,座儿大顶儿小,没气魄。"又去看了姚广孝修的塔,说道:"二军师修的塔,大塔顶小塔座,上面还有裂缝,手艺太粗糙了。"鲁班替两个塔惋惜不已,鲁姜的脸羞得通红。从此两座白塔就这个样了。

后来,阜成门内白塔寺的白塔年深日久,雨水不断灌进去,裂缝越来越大。人们都很担心,可又不知道怎么办。有一天,北京城来了个锔锅锔碗的老头儿,满街喊:"锔大家伙啦!"有人拿着碗去锔,老头儿嫌小;拿口破缸过去,他还是嫌小,都不愿意锔。大家都很恼火,就说道:"要锔大家伙,那个白塔够大,你去锔吧!"老头儿看了看白塔,笑嘻嘻地走了。当天夜里,狂风大作,隐隐约约传来了叮叮当当打铁的声音。等到天亮,风停雨住了,人们发现白塔上多了两条打铁箍。原来,这老头儿就是鲁班,他心疼自己的手艺,下凡修白塔来了。

第二节 北京胡同的传说

北京的胡同多如牛毛，它们既是老北京的生活空间，也见证了朝代兴衰、世事变化。这些大大小小的胡同里流传着许多关于胡同的故事。

一、银碗胡同

严嵩是明朝的大奸臣，祸国殃民。后来皇帝终于罢了他的官，把严嵩的家给抄了，在他家中发现的金银珠宝不计其数。为了让他尝尝百姓之苦，皇帝想了个法子，赐给他一个银碗，让他沿街乞讨。严嵩当了一辈子官，作威作福惯了，让他张口要饭吃，他可拉不下脸。刚开始还硬撑着，可架不住肚子饿得慌，不得已就去胡同里要饭。转来转去，他也开不了口。这时候，迎面来了个算命先生。严嵩迎上前，想跟他问个吉凶祸福。没想到算命的早看出来他是严嵩，就说道："满嘴宰相牙，浑身花子骨。"严嵩讨了个没趣，只得挨家挨户地要。可是大家一看到他手捧的银碗就全明白了，谁也不愿施舍，还一顿呵斥："老贼，你也有今天！"时至寒冬腊月，严嵩捧着银碗却一个米粒也要不到。又冷又饿的严嵩，最终摔倒在胡同的交叉口处。皇帝赐的银碗滚到了那条南北胡同里，严嵩的帽子甩到了那条东西胡同中。打这儿以后，那条南北向的胡同就被称为"银碗胡同"，东西向的胡同被称为"官帽胡同"。这名儿就一直沿用到了今天。

二、鲤鱼胡同

北京的贡院是明清两代读书人过来赶考的地方。贡院附近有一圈儿小胡同：鲤鱼胡同、笔管胡同、驴蹄胡同、方巾胡同、顶银子胡同。笔管胡同，顾名思义就是这条胡同有好多卖笔的店铺。驴蹄胡同呢？是因为当时的举人骑驴路过这里，去往贡院考试，自然会留下深浅不一的驴蹄印。方巾巷的得名也跟赶考的读书人有关，明代读书人是头戴方巾的，这条巷子有

不少读书人住,就得了这个名儿。顶银子胡同呢?因为有的考生银子花完了,只能把随身物品顶给当铺,当银子使,这条街有不少当铺,就以此为名了。鲤鱼胡同呢?最初它叫老人胡同。因为这条胡同,住的大多是贡院里退下来的老人。为什么后来改名鲤鱼胡同?这里有个美好的传说。

据说,有一年逢大考之年,全天下的考生都来北京应考。有个河南的考生,家中贫困,只好提前三个月,步行前往京城。他千辛万苦找到贡院,想在贡院的下处落脚。可这位考生来得迟了,贡院的下处已满。没法子,他只能在路边叹息。正好,路上走来一位老人,看到书生长吁短叹,问他情况。他只能满腹酸楚地告知,贡院不收,也没钱住旅馆,看来这次没办法应考了。老人看他眉眼坚毅,很有志气,就让书生去他家中居住、备考。考生大喜,立刻给老人磕头致谢。在老人家中,书生发奋读书。

离考试还有三天的时候,天上突然阴云密布,接着下起了瓢泼大雨。突然,从云端明亮的地方落下一条大鲤鱼,在胡同里穿梭而行。众人围观称奇,鲤鱼腾空一跃,蹿入贡院,再一翻身,钻入云端,消失不见了。人们议论纷纷,都认为这是吉兆,这一榜必出人才。

再说那个河南考生,到了考试那天,因为来得晚,连个贡号也未曾拿到。他跟着人群进了贡院,找了个不起眼的地方坐下。考官点名发卷,也没有他的名字。他也不管,自己拿出纸,挥笔写起来,不久就交了卷子。考官看到卷子卷头没有御印,不以为然,以为只是个混场的,随意翻看一下,顿觉其文采飞扬,才思敏捷。最终这位考生获了头名。众人赞叹,原来鲤鱼的吉兆应的是这位书生。

自此,老人胡同因为应了"鲤鱼跳龙门",改名为鲤鱼胡同。书生考中后,第一件事就是去看望老人,给老人在旁边的孝贤牌胡同立了个大牌坊,以后这条胡同就叫作大牌坊胡同了。

三、辟才胡同[6]

北京西单附近有个东西走向的胡同,叫"辟才胡同"。元代时这里有一座大佛寺,故明代将这条胡同命名为"大石佛寺胡同";清代此处有一个劈柴市场,改名为"劈柴胡同"。民国时,北京的许多胡同名称被雅化,"劈柴胡同"又改名为"辟才胡同"。虽说改名的原因是原胡同名称的谐音雅化,但是胡同里流传着不同的解释。

据说民国时期，劈柴胡同里住着一位大官，他有一座三进的大宅子，非常气派。但是不知为什么，这个大宅子总是空着没人住。宅子对面有个卖馄饨的小贩叫张二，就帮着看家护院。有一天，一个叫李二的乞丐带着妻子来到门前，想找个地方落脚。卖馄饨的张二就说了："这里有个大宅子，就是没人敢住，你要是敢住，我把钥匙给你。"乞丐李二说："我都落魄成这样了，还有什么敢住不敢住的，有个遮风挡雨的地方就不错了。"张二把钥匙给了李二，当天晚上，乞丐李二就进了院子。到了夜里，李二壮着胆子，开了第一进院落的门，发现什么事也没有。就有胆开了第二进院落的门，也没事。他就又开了第三进院落的门，只见正房北屋灯火通明，门口有守卫看着门。见到李二，守卫竟然毕恭毕敬地敬礼。李二一看这样，也就不再害怕，继续往正屋走。正屋端坐着个白胡子老头，看到李二便恭敬地说道："主人来了，快接主人。"李二完全蒙了，老人把李二扶到正座上，说道："公子，我可等到你来了，我为你们看守财产，已经二十八年了。就是找不到你。"李二说："我一直在外要饭，你到哪儿找我啊？"老人继续说："你有个朋友叫张大吧？他的父亲和你的父亲原来都在朝为官，后来你们的父亲都被奸臣所害，留下这一大笔财产，叫我们看着。你找到他，你们要用钱，可以让他写个纸条，写多少给多少。"李二将信将疑，他的确认识张大，张大家败后在朝阳门鱼市口修鞋，也过得惨兮兮的。

第二天，他找到了张大，一五一十地把昨晚发生的事情告诉了张大。张大刚开始不信，但架不住李二的再三央告，随手撕下块窗户纸，写了个歪歪扭扭的"二百两"。到了晚上，李二拿着纸片，交给了老人。老人毫不犹豫就给了二百两银子。李二高兴极了，天一亮就找到了张大，把银子分了一半给他。银子花完了，张大又先后写了两个五百两，也都毫无例外地拿到了钱，二人对半分了。两家的日子便越过越好。有一天，老人对李二说："你去把张大叫来，我把账给你们结清吧。"当天晚上，李二、张大一同来到屋中，屋里摆满了银子。老人说："你们的父亲死时，交代过我，叫我看着这些东西，等你们长大了、落魄了，便把银子都交给你们。这里总共是二十四缸银子，有一缸因为给你们银子动过，其他的都在这里，分文未动。我总算完成了两位大人的交代。你们查查吧。"李二、张大见老人如此守信，感动不已。第二天，两人把这二十四缸白银平分了。从此这条胡同就改名为"辟才胡同"。

第三节 北京庙宇的传说

北京有着众多历史悠久的庙宇。对于这些庙宇，北京流传着许多神奇的传说。这些传说想象丰富，饶有趣味，生动地解释了寺庙道观及其风物的由来。

一、白云观与天宁寺塔的传说

在北京西便门外有一座白云观，每到正月十八"会神仙"日，城里城外的人都要来此上香。白云观是怎么来的呢？北京流传着很多传说。

传说，最初的时候，白云观并非是道观，而是座佛教的庙宇，叫白云寺。有一年，宫里的娘娘怀孕了，就找了一个白云寺的和尚和一个道士过来，让他们分别给娘娘算算怀的是男是女。和尚双手合十，说道："娘娘怀的是一凤。"道士则说："娘娘怀的是一龙。"两个人争执不下，皇帝也不知道听谁的。和尚就说了，要和道士打个赌，赌输了就把白云寺送给道士。道士也说："那好吧，我也没有什么庙产，要是我输了，我把脑袋给你吧！"其实，道士的法力要比和尚强得多，和尚在算的时候，道士就在做法。后来娘娘生下来一个小太子，没有办法，和尚只能把庙让给了道士。道士就把白云寺改名为"白云观"，城里城外的人纷纷来上香。

皇帝看到和尚没有地方去，就给了钱，让和尚再盖个庙。于是，和尚就在白云观的南边盖了座寺庙，起名"清风寺"，意思是用清风把白云吹走，把白云观的风水给破了。之后白云观就一天比一天破败，香火也没了。道士就想了个办法，让观里的其他道士到处去募化破碟子、破碗，拉回来堆到道观的影壁前面，没几天就堆成了一座小山。道士给这山起了个名字，叫"挡风山"，又叫"磁瓦山""刺儿山"。道士还找人在二道山门前挖了条旱河，和尚修了座石桥，叫作"窝风桥"。有了"挡风山""窝风桥"，清风就再也吹不过来了，白云观的香火又旺盛起来，清风寺就越来越破败，大殿也被烧了。和尚建了一座塔，把清风寺改为"天宁寺"，表示不想斗了。后来天宁寺年久失修，慢慢地荒芜，只剩下一座天宁寺塔，与白云观遥遥相对。

二、皂君庙的铁狮子

老北京有这么一句俗语"皂君庙的狮子——铁对儿","铁对儿"就是死对头的意思。北京有好几个皂君庙,这里的皂君庙单指崇文门花儿市大街的皂君庙。

过去,花儿市大街的住户大多是做纸花的手艺人,指着手艺过活。花儿市大街有座皂君庙,最初盖庙的时候,大伙儿都希望灶君老爷能造福一方,保佑这些穷苦人能过上好日子,于是大伙儿就经常给灶君老爷上香、上供。

可是一年又一年,穷人还是越过越穷,富人越过越富。大伙儿就起了疑心,这灶君老爷到底怎么回事啊?于是有心人就天天去庙里,看看有什么可疑的地方。有一天,一个白胡子老头挑着锔锅的担子来到了皂君庙,他放下担子,绕着灶君老爷看了好几圈。这个奇怪的举动,让人好奇不已,就问道:"您为什么在这庙里看来看去?这灶君从来没灵过,白费了我们的香火和供品,我们越来越穷,这有钱的越来越有钱。请神容易送神难,我们又不能把他送走。"白胡子老头说道:"这庙门前缺一对铁狮子,有了这对铁狮子就好了。"大伙儿笑了,我们哪儿有钱买铁狮子。白胡子老头说完便挑着担子走了。第二天天一亮,人们惊奇地发现,庙门口多了一对大铁狮子。问遍了人,也不知道是谁送过来的。第三天夜里,人们听到皂君庙传来了狮子的吼叫声。到了第四天,灶君老爷神像前的马没了,庙门口散落着马的骨头。大伙儿议论纷纷,莫不是狮子把马给吃了?第五天天一亮,人们就迫不及待地跑到庙里,看看又发生了什么。只见庙内空空如也,灶君老爷的神像也没了。人们这才想到,那天的白胡子老头一定不是个凡人,这铁狮子一定是他送的。他是谁呢?花儿市大街的人认为他就是鲁班,他送来的一对铁狮子就是用来对付这个光吃供不干事的灶君老爷的。这对铁狮子就是灶君老爷的死对头、铁对儿,它们不仅吃了灶君老爷的马,还把灶君老爷吓跑了。打这儿起,花儿市大街的住户就不再给庙里烧香、上供了,一些住户也住进了庙里,把灶君老爷的地盘给占了,也不用担心他回来,门外一对铁狮子看着门呢。

三、五显财神庙的传说

北京广安门外有一座五显财神庙,每到春节年初二,有很多老北京人,尤其是些生意人,都去庙内争烧头炷香、借元宝。五显财神庙供的不是一般的财神,而是五个人。这五个人

全聚德烤鸭流程图

是谁？怎么就成了财神呢？老北京流传着这样的传说。

  这五显财神庙，又叫"五哥庙"。五哥庙供着五个财神。这五位财神，原来是结拜的五兄弟，分别叫作曹显聪、刘显明、李显德、葛显真、张显正。这五兄弟劫富济贫，做了不少好事，最后被官兵抓住了，定了死罪。在押赴刑场的路上，到了广安门外三里多地的地方，这五兄弟因伤势严重，再也走不动了，官兵们就在此地把他们斩首了。可是穷苦百姓十分感念这五兄弟，就在他们殉难的地方盖了座小庙，竖了五个人的塑像。因为五个兄弟姓名中都带着"显"字，又乐善好施，仗义疏财，人们就称之为"五显财神庙"了。五兄弟中的大哥曹显明正月初二诞生，于是每年大年初二，人们就会到庙中上香，祈福求财，自此，这个小庙香火旺盛。

第四节 京城老字号的传说

京城的老字号能够发家、兴盛,在时运和经营方面都有其独特之处。传说它们的兴起有的是因仙人相助,有的是受到了皇帝的赞赏和提携,有的则是因为得到了神奇之物。这些传说赋予了京城老字号浓厚的传奇色彩。

一、会仙居的传说

北京的会仙居是一家以炒肝儿闻名的老字号。会仙居的字号和炒肝儿从何而来呢?老北京流传着这样的传说:

很久以前,北京有个小伙子,心地善良,为人憨厚,手脚勤快,可总是时运不济,搞得吃了上顿没下顿。最后没办法,为了糊口,小伙子想到了一个本钱不大的营生。他呀,每天去前门大街上收各家饭馆不要的"折箩"。"折箩"就是饭馆剩下的剩杂合菜,什么猪下水、鱼头之类,饭馆每天都会倒出去好多。小伙子用点小钱买回来，一家老小把"折箩"里头还能吃的猪肚、猪肺、猪心之类的下水挑出来，洗干净，加上点料回锅熬煮一番，第二天就到鲜鱼口胡同去卖。来吃这玩意儿的，也都是些穷苦人，就着热气腾腾的劲儿吃上一两碗，解个馋。

有一天，小伙子支好了摊，一个头发胡子眉毛全白的老头走了过来。别看老头岁数挺大，穿着也破破烂烂，但是中气十足，他跟小伙子说："掌柜的，给我盛两碗。"小伙子盛了满满两碗，一碗递给了老人，一碗放在锅边。老人痛快地吃了一大碗，再要端起来吃时，摸摸兜，空空如也，就说："掌柜的，我吃了你的杂合菜，没钱给你，怎么办啊？"小伙子一想，但凡有钱，谁吃这个啊。看老人的样儿，也是困难，都是穷苦人，算了吧。小伙子就说道："您啊，就算没钱也让您吃了第二碗。就算我孝敬您两碗。"老人听完，一句客气话也没说。等到小伙子转头看的时候，老人不见了，那碗杂合菜也没动。小伙子虽然纳闷儿，也没多想，随手把没吃的杂合菜倒入锅中。谁想到，这口锅忽然咕嘟嘟作响，香气直扑鼻孔，馋得路人口水直流。这一天，路上但凡经过摊子的，都忍不住来吃上几碗。更神奇的是，眼见一碗一碗地卖出，可是锅里却不见少。小伙子明白了，这白胡子老人不是凡人，他这是遇到仙人了。

自此，小伙子发了家。他也不再收"折箩"了，而是专门卖起用猪肝和肥肠烩制的炒肝儿，字号就叫"会仙居"，就是遇到仙人的意思。

二、都一处的来历

都一处是北京的老字号，以经营烧卖出名。不过，都一处最初不过是个很小的饭馆，它的出名跟乾隆皇帝有关。

传说，乾隆皇帝有一年在大年初二的晚上，心血来潮，出来私访，溜溜达达来到了前门大街。乾隆溜达得久了，就想找个馆子吃点儿、喝点儿。老北京的店铺大多都得破五之后才开市，乾隆找了半天也找不到馆子。寻摸了半天，只看到一家黄酒馆开着门，点着灯等顾客上门。这家掌柜的，因为买卖不好，不得已提前开市，可是半天也不见客人。正好乾隆来了，进门坐下，要了点儿酒喝，就闲聊起来，问问买卖情况。掌柜的说："这不就是买卖不好做，才提前开市的。"乾隆觉得掌柜为人和气，也忠厚，就问："你们这买卖叫什么字号？"掌柜的说："嗨，一个小门脸，没字号。"乾隆一高兴，就说："那我给你起个字号名儿吧。"掌柜的看这人气宇不凡，也就拿来纸笔。乾隆蘸上墨，挥笔写下了三个大字"独一处"，说道："你看，今儿是个大正月，别的馆子都没开，独独你的黄酒馆开着，就叫'独一处'吧。"掌柜的赶紧道谢。乾隆吃完饭，便心满意足地走了，掌柜的也没怎么在意这件事。

第二天天一亮，就听见门外传来马蹄声，几个穿着黄马褂的官差劈头就问："你们这里昨晚来了个客人吧？"掌柜的赶忙堆着笑，回答说是，还不放心地问："是不是昨天这位客人落下东西了？"官差说："那倒没有，你知道这位爷是谁吗？"掌柜的感觉来头不小，也不敢搭茬儿。"昨天来的就是当今的万岁爷，万岁爷说你昨天伺候得好，赐你一百两银子。"掌柜的差点儿瘫在地上，哪哪哪地磕了三个头。

这掌柜的也是个机灵人，乾隆爷昨晚坐的地方是把圆椅子，他把这椅子用黄绸子打了个结，供在那里了；把"独一处"三个字做了块大匾高高地挂在座椅上头。店里的客人来吃饭都很奇怪，为什么供着把椅子？为什么叫"独一处"？掌柜的便添油加醋把大年初二乾隆爷来吃饭的事情讲开了。就这样，北京城越来越多的人知道乾隆爷来此吃过饭，去"独一处"吃饭看宝座的人也越来越多。上至达官贵人，下至平民百姓，谁都想看看皇帝坐过的地方，尝尝皇帝吃的东西。"独一处"的字号就名扬天下了。独一处的生意红火起来，掌柜的陆续添加了烧卖、炸三角。到了清末，这家掌柜的觉得"独一处"不大好听，就稍作改动，成了"都一处"。直至今天，都一处仍然是北京的老字号。

三、黑猴儿帽店[7]

过去北京前门外鲜鱼口有个卖帽子的老字号，叫黑猴儿帽店。黑猴儿帽店的幌子与众不同，是一个楠木制成的"黑猴儿"。关于这只"黑猴儿"，有不同的传说，最为离奇的是以下这则：

也不知道是在明朝末年，还是清朝初年，离北京不远的西山脚下，住着一户人家，以打猎为生。老猎人去世后，刚刚二十岁的儿子也成了猎户，每天去山上打猎来供养母亲。可是，山上实在没有什么野兽，眼看着就揭不开锅了，小伙子就想去深山打猎。母亲虽然很担心，但架不住儿子的央求，只得答应了他。小伙子预备好了刀枪火器和干粮，告别了母亲，就往深山里去了。他翻过了一道道山，越过了一道道岭，可是打到的不过是几只兔子。小伙子一心想打点大的

猎物，就继续往深山里走。走了好久，忽然一大群动物惊慌失措地向他跑过来。小伙子跟父亲打猎久了，他知道，这些动物这么慌张地跑，一定是遇到了更厉害的家伙了。于是他爬上了树，端起了弩枪。动物像潮水一样从林子深处跑出来，它们的身后是一只黑乎乎的东西，长得像只猴子，但是全身毛色黑得像墨一样，油光发亮。动物们都是被这家伙吓坏的。一只黑狐狸忽然开了口："快救救我们吧，这家伙已经吃了三只老虎了，还要把我们都给吃了。"小伙子说："你们先跑，我来挡一会儿。"黑狐狸一听，就随着其他动物飞奔而去。小伙子把弩枪沾了点毒药，瞄准了那只动物。"黑猴儿"已经发现了躲在树上的小伙子，正要扑过来，小伙子扣动扳机，一箭射中"黑猴儿"。"黑猴儿"挣扎了一会儿就不动了，小伙子下了树，摸了摸"黑猴儿"，发现它的毛柔软极了。"这皮毛一定能卖个好价钱。"他想道。回到家中，母亲看到了"黑猴儿"，也不认识是什么。第二天，小伙子要去北京城把皮毛给卖了。母亲说："你到城里要多问问，多看几家店铺，这是个稀罕的东西，可不能随便给几个钱就卖给了不识货的人。"小伙子答应着出了门。

到了北京城，小伙子找了好些个皮货店，可是没有一家店铺能认出来这是个什么东西。有的说，这就是只黑猴子，还想当宝贝，卖个好价钱，真是异想天开。小伙子憋了一肚子气，走出了皮货店，在街上走着。忽然，听到身后有人叫他："小伙子，你这皮子卖吗？"他一抬头，原来是个白胡子老头儿，正看着皮子。老头儿问道："你这皮子从哪儿来的？"小伙子一五一十地把他的经历讲了出来。老头儿笑道："难怪有这么好的皮毛，这东西叫'墨猴'，可是个厉害东西。它只要瞧到你，扑向你，你就完了。"小伙子说："老爷爷，您买吗？"老头儿说："小伙子，我买不起，我帮你找个买主吧。"老头儿带着小猎户找了一个大官，把皮子卖了个大价钱。小伙子很高兴，就问："这怎么能卖这么多钱？"老头儿说了："这墨猴可是宝贝，用它的皮子做成的帽子，雨雪不沾。这当官的花大价钱买去了，肯定是送给比他大的官，有可能是皇帝。"后来小伙子跟着老头儿学会了制帽子，就用这笔钱在鲜鱼口胡同买了个门脸，开起了帽店，日子一天天过得好了起来。小伙子认为好日子是由墨猴带来的，就找人照着墨猴的样儿用楠木做了个"黑猴儿"，作为店里的幌子。从此，这家帽店就叫"黑猴儿帽店"了。

第五节 北京工艺、物产的传说

北京物产丰富、工艺发达，关于这方面的传说也非常之多。这些传说的一个重要特色就是与帝王、名士关联在一起，尤其是与乾隆、慈禧、刘墉等相关的传说最为常见。

一、刘罗锅与捏面人[8]

捏面人是老北京的一项传统民间手工艺，传说这门手艺的产生与刘罗锅有关。

刘罗锅就是清代的重臣刘墉。他的老家在山东，在北京做官后，家里的管家、厨子、佣人大多是从山东老家带过来的。有一年，他家的厨子来了一个亲戚，因为山东老家年景不好，就投奔到刘墉府里，给厨子打下手。这个亲戚姓王，姑且称为老王。老王经常帮着揉面，有一次他来了兴致，就按照山东老家过年的习俗，把面团揉成了各种形状——寿桃、小鸡、小鸭、娃娃。上锅蒸熟后，大家都称赞不已。刘墉也觉得他的手艺不错。老王听到夸赞，就更有兴致了，找来江米、白面，面食做得更精致了，又给染上了色，真是栩栩如生。大家都舍不得吃，当作小玩意儿摆在屋子里。刘墉很高兴，大大地夸赞了他一番，就指着一幅八仙上寿的画，问他："这个你能捏吗？"老王说可以试试。一两天后，老王就捏了个八仙上寿。刘墉一看，赞叹不已："老王啊，你不是想在北京找个营生吗？就你捏的面人，拿到庙会上、大街上卖，就够你生活的了！"老王说："这个能卖钱？"刘墉说："当然可以，你再琢磨琢磨，让面人能保存得久点。可以加点蜂蜜，还可以用冲好颜料的水来和面再蒸起来，颜色就更好看了。"老王经刘墉这么一指点，算是开了窍了，又琢磨些捏面人的工具和技巧。不到一个多月，老王技艺渐长，精心捏了套八仙上寿的面人，按刘墉说的加了蜂蜜，调好了色，用盘子托着送给刘墉。刘墉看了连连夸赞。忽然，刘墉灵机一动，乾隆皇帝的寿诞快到了，何不把这个"八仙上寿"当作寿礼？他对老王说："你能不能按这个样儿做个大的'八仙上寿'，有八尺高就可以。"老王说可以。刘墉笑道："你就等着在北京城扬名吧。"

等到乾隆寿诞的时候,刘墉就准备了个大抬盒,把"八仙上寿"放在里面,盖上大红的绸子,让人抬着直奔皇宫。这时候,群臣都已到了,四处都是上寿的珍宝。刘墉让人把"八仙上寿"上的红绸子取下来,栩栩如生的造型顿时让在场的人赞叹不已。乾隆也纳闷,这刘墉哪儿来的这么些钱,就问了:"你这东西花了多少钱?"刘墉伸出五指。"五千两银子?"乾隆问。刘墉摇了摇头。"五万两?"刘墉说道:"五两银子。"乾隆大奇:"这东西这么精美,不是玉石就是牙雕,怎么会是五两?"刘墉答道:"这是用面捏的。"众人上前看,乾隆用手捏了一下,果然是面捏的。乾隆说:"这是谁人捏的,竟然有这样的手艺?"刘墉说:"这是我山东老家的乡亲捏的。"乾隆哈哈一笑说:"山东真是能人多,你五两银子就买了这么大的礼物。"乾隆走后,众大臣纷纷围上来,一面称赞,一面央求刘墉也给自己捏一套。刘墉一一承接了,拿着钱回到家,就交给老王:"买卖来了。你拿着这些钱,租个房子,多钻研手艺,足以在京城立足。"老王高兴极了,自此手艺精进,也赚了点钱,就把老婆孩子从山东接到了北京。为了让这门手艺传下去,又把手艺传给了儿子,带了好些个徒弟,这手艺就一代一代地传到了今天。

二、慈禧与北京小窝头

窝头是北方常见的食物,过去是穷苦人的主食。可是北京的小窝头却是宫廷食品。这是为什么呢?北京流传着慈禧太后和小窝头的传说。

八国联军打到北京的时候,慈禧太后和光绪皇帝慌忙换了老百姓的衣服,乘着马车,出了德胜门,沿着北大道逃跑。这时候,酷暑难当,人们又热又饿。慈禧太后就传话找个地方歇息,弄点吃的。他们来到一个农户家,出来了个老头儿,问:"你们做什么的?"这行人就说是赶路的。到了屋里,老头打了水,还给端了个小笸箩,里面装着热乎乎的玉米面窝窝头。慈禧和光绪已经饿得受不了了,咬上一口,只觉得香甜无比,一口气把一笸箩的窝头全吃光了。

一年以后,慈禧太后回到了北京,到了颐和园乐农轩,想起了逃难路上吃的窝头,就让御厨赶紧去蒸窝头。等蒸好了送到慈禧跟前,慈禧刚尝了一口,便觉得不是那个味儿,大怒,就把御厨关起来问罪。因为窝头的事儿,前前后后好几个厨子都被关了起来。怎么办?最后,一位聪明的厨子想明白了,这慈禧太后是饿的时候吃窝头,当然会觉得好吃。现在还照一般的窝头做，那她是吃不下去的。他就想了个办法，用栗子面加黑糖蒸窝窝头，每个窝窝头又做得极小。慈禧到乐农轩后又要吃窝头，御厨就把栗子面黑糖蒸的窝头送了上去，慈禧果然觉得好吃，认为与她逃难路上吃的窝头味儿一模一样。自此以后，栗子面窝窝头，成了皇宫内的御食佳品。

注 释

①姚广孝（1335—1418），法名道衍，是明代的政治家、佛学家。幼年时在苏州出家为僧，后成为朱棣的主要谋士，是"靖难之役"的主要策划者。朱棣夺取皇位后，姚广孝担任僧录司左善世，又加"太子少师"，被称为"黑衣宰相"。他曾负责迁都北京事宜，并规划了北京城的基本格局。在北京建城传说中，他和刘伯温共事，既斗智又合作，共同规划、修建北京城。在历史上，并无姚广孝与刘伯温共同修建北京城的史迹。刘伯温在元代曾赴大都参加科举考试，此后并无再去北京的记载。

②刘伯温与八臂哪吒城的传说有不同的异文，笔者在田野调查的时候，收集过两个异文。《中国民间故事集成·北京卷》中也收录了三个异文。为了便于叙述，书中在处理传说、故事时，往往以某一传说、故事为基础，保留基本情节，压缩内容，语言上也进行了调整。以下在讲述传说时均采用这一形式。

③北京西直门外的一个村庄名为"车道沟"，在传说中该村得名于此。

④该传说是在《中国民间故事集成·北京卷》中《换塔尖》《锔大家伙》两个关联故事基础上改编而成，保留了两个传说的基本情节。原文本收录于李克主编《中国民间故事集成·北京卷》，中国ISBN中心，1998，第342—344页。

⑤在历史上，白海的白塔和阜成门的白塔并非同一时间修建的。白海的白塔建于顺治八年（1651），是一座藏式喇嘛塔，位于现在北海公园琼华岛上。阜成门内的白塔位于妙应寺中，妙应寺因白塔又被称为"白塔寺"。该白塔建于元代至元十六年（1279），由当时入仕元朝的尼泊尔匠师阿尼哥主持修建，建成后即迎请佛舍利入塔中。

⑥原传说讲述者张振福，由刘琴岛1986年于北京西城区采录。原传说文本收录于《中国民间故事集成·北京卷》，第582—583页。笔者在原文本基础上，保留传说的主要情节，加工整理而成。

⑦黑猴儿帽店的传说有许多异文。有的传说里，"黑猴儿"是掌柜养的一只猴子，非常灵透，给掌柜的带来了财运。本文的文本是在金受申采录的传说基础上改编而成。原文本见于李克主编《中国民间故事集成·北京卷》，中国ISBN中心，1998，第595—596页。

⑧笔者根据"捏面人的来历"改编。原讲述者：黄俊山；采录者：张伯利；采录时间地点：1986年宣武区；原文本收录于李克主编《中国民间故事集成·北京卷》，中国ISBN中心，1998，第640—642页。

参考文献

1. 马芷庠编：《北平旅行指南》，北平经济新闻社，1935。
2. 吴长元辑：《宸垣识略》，北京古籍出版社，1982。
3. 王文宝编选：《北京民间儿歌选》，浙江人民出版社，1982。
4. 张爵、朱一新：《京师五城坊巷胡同集·京师坊巷志稿》，北京古籍出版社，1982。
5. 邓云乡：《燕京乡土记》，上海文化出版社，1985。
6. 顾颉刚：《妙峰山》（影印本），上海文艺出版社，1988。
7. 张次溪编著：《人民首都的天桥》，中国曲艺出版社，1988。
8. 郭子枡：《北京庙会旧俗》，中国华侨出版公司，1989。
9. 金受申：《老北京的生活》，北京出版社，1989。
10. 翁立：《北京的胡同》，北京燕山出版社，1992。
11. 史明正：《走向近代化的北京城：城市建设与社会变革》，北京大学出版社，1995。
12. 常人春：《老北京的风俗》，北京燕山出版社，1996。
13. 吴建雍、王岗等：《北京城市生活史》，开明出版社，1997。
14. 中国民间文学集成全国编辑委员会编：《中国民间文学集成·北京卷》，中国ISBN中心，1998。
15. 金受申：《北京通》，大众文艺出版社，1999。
16. 侯仁之主编：《北京城市历史地理》，北京燕山出版社，2000。
17. 潘荣陛、富察敦崇、查慎行、让廉：《帝京岁时纪胜·燕京岁时记·人海记·京都风俗志》，北京古籍出版社，2001。
18. 崔金生：《北京礼俗》，文物出版社，2003。
19. 隋少甫、王作楫：《京都香会话春秋》，北京燕山出版社，2004。
20. 白宝泉、白鹤群：《北京街巷胡同分类图志》，金城出版社，2006。
21. 齐如山：《北平怀旧》，辽宁教育出版社，2006。
22. 刘铁梁编著：《中国民俗文化志·北京·宣武区卷》，中央编译出版社，2006。
23. 白鹤群：《老北京的居住》，北京燕山出版社，2007。
24. 丁超：《"住"在北京——北京居住文化》，东方出版社，2007。
25. 段柄仁主编：《北京胡同志》，北京出版社，2007。
26. 马燕晖编著：《老北京的传说》，华夏出版社，2007。
27. 张双林：《老北京的商市》，北京燕山出版社，2007。
28. 常人春：《老北京的民俗行业》，学院出版社，2008。

29.陈学霖：《刘伯温与哪吒城：北京建城的传说》，生活·读书·新知三联书店，2008。
30.李宝臣主编：《北京风俗史》，人民出版社，2008。
31.北京民俗博物馆编著：《老北京传统节日文化》，商务印书馆国际有限公司，2010。
32.李家瑞编：《北平风俗类征》，北京出版社，2010。
33.岳永逸：《老北京的杂吧地：北京天桥的记忆与诠释》，生活·读书·新知三联书店，2011。
34.梁实秋：《人间有味是清欢》，北京时代华文书局，2014。
35.齐如山：《北平杂记》，当代中国出版社，2015。
36.陈鸿年：《北平风物》，九州出版社，2016。
37.齐如山：《北京三百六十行》，中州古籍出版社，2016。
38.尹钧科主编：《北京城市发展史》，北京出版社，2016。
39.中国文化遗产研究院编：《北平研究院北平庙宇调查资料汇编》（内二区卷），文物出版社，2016。
40.党静鹏主编：《北京话俗语与老北京社会风情》，中国人民大学出版社，2017。
41.金受申：《北京的传说》，北京出版社，2018。

后 记 1

多年前，北山和我谈《中国风俗图志》的设想，我当时想："这可是一个大工程，说说容易，做起来难。"接下来两三年，他好像消失了，再没了消息。后来，北山再次出现，我才知道，那几年他去法国读博士去了。他和我接着谈他的计划，原来他一直都没有放弃，一直在寻找、拜访全国各地的风俗画家。在泰山出版社和清华大学刘晓峰教授的支持下，开了选题会，之后又是漫长的创作、撰稿和编辑过程，到2020年，这套书终于要与读者见面了。

我一直致力于老北京风俗的发掘、收集和整理，大量写生，勤奋创作，在继承传统水墨的同时融入民俗的元素和西画的一些技法，美术界评价说"形成了独树一帜的绘画风格"。我想，至少我在做我热爱的事情、有意义的事情。而且，风俗画不仅具有艺术价值，还具有独特的文化价值。

京味文化原本是古都北京的一大特色，但到如今，这些特色就像我画的那些胡同，正随着北京的建设发展，一条条地逐渐消失。我自幼在北京城长大，我把经历的生活、老北京的风情画出来，它不仅仅是个人的记忆，更是一群人的记忆、几代人的记忆。"让城市留住记忆，让人们记住乡愁。" 乡愁，不仅是童年的记忆、心中的故土，还是家国情怀、文脉延亘，更是中国人的精神依归。风俗画是承载我们乡愁的重要艺术形式之一。

一地有一地的风土人情。"吃喝玩乐"，吃是第一个，北京最有特点的食物便是豆汁儿。有朋友来北京，我常说："我得请你吃一顿北京饭，喝喝豆汁儿，尝尝二锅头。"这些东西都是北京特有的。这就是我们过日子的方式。再比如"玩乐"，北京人的"玩"应该说是从满人入关进京之后走向了高峰，老北京有"花鸟鱼虫"四大玩儿之说。关于北京城东西南北四九城，有"东富西贵南穷北贱"之说。满人入关之后，前门、崇文门、宣武门以里的汉人全部迁出到前三门以南。南城虽然汉人多、穷人多，但是很多人身怀绝技，我曾经画过"天桥八大怪"，这个"天桥八大怪"里面就有咱们民间艺人，也有落魄的满人和旗人。其中，有一个人是朱少文，艺名"穷不怕"，到天津学艺说相声，几年之后回到北京，在天桥白沙撒字。这是一个有文墨的人，擅长写"福禄寿喜"，边写边唱，他创作的一些段子到现在还在相声界演绎。"吃喝玩乐"中既有达官显贵的生活，也有普罗大众的生活，有生活的乐趣，也有讨生活

后　记

的艰辛。

所以说，这风俗画中不仅有艺术，有生活，也有历史。生活的艺术，历史的热闹，都藏在这些画面之中。

北京是一个样儿，其他地方又是另一个样儿。这套书把不同地方的风俗呈现出来，实在是一件大好事。北山要把这套书继续做下去，我想他能做到。我也期待着，我们当代的风俗画创作能够更加繁盛，为后人留下更多的艺术、更多的念想，真正把我们的生活和历史记录下来，把我们的乡愁和文化传承下去。

是为记。

马海方
2020年7月7日

后 记 2

书稿终于完成。回想最初接受李北山总编邀请撰写这本书时，我曾信心满满，认为自己这些年一直在做北京民俗文化方面的调查与研究，还是可以顺利如期完成书稿的。实际写作起来却一波三折。在此期间，我的过敏性鼻炎、哮喘发作，导致稿件搁置许久。等到过敏减缓，家中又添人进口，围着小家伙忙得不分白天黑夜。最为困难的，其实还是力所不逮，看的资料越多，越觉得难以下笔。其中最为困难的是用何种"语气"来讲述老北京的民俗文化。

就我所读的文献材料来看，大致有这样三种讲述的"语气"和角度：一是以风俗采录者的语气在讲述，"采"到什么就说什么，完全是局外人的视角，既可以冷眼旁观，忠实记录，也可以潜入材料中评价几句。二是以金受申、常人春等为代表的"北京通"来讲述，他们本身浸润于北京的民俗生活中，熟谙老北京的各种民俗事象，对于北京民俗的描述实在是信手拈来、如数家珍。这当然是局内人的视角和"语气"。第三类比较特别，也是局内人的视角，但讲述的方式是回忆式的，讲述的内容是其早年亲身经历，却已逝去的"北平风物""旧都风情""儿时的北京"。这三种讲述的语气和角度各有所长，但对于我来说，讲述"语气"的选择却比较困难。我虽然在北京生活了一段时间，也做过些北京民俗文化的调查，但并非局内人，对北京民俗文化的了解也只是通过访谈、观察、阅读获得，远没有达到感同身受，也难以把握其中的细节。另一方面，如果纯粹地以局外人的角度和语气来写，行文也太过拘谨。写作开始后，我曾纠结于此很久，直到最后也感觉没有完全处理好这个问题。

写作过程中最大的收获，是阅读了不少关于记述北京民俗文化的资料和研究成果，对北京的民俗文化整体的把握和对一些民俗事象细节的了解和感受加深了许多。印象深刻的是阅读天桥"八大怪"的"拐子顶砖"的资料，过去是为其不论寒暑跪着顶砖而称奇，现在才发现所谓的"怪"的背后，其实是生存的艰辛。

书稿已完成，如同木已成舟，其中的问题和缺憾，留待日后改进。最终能完成书稿，不至于半途而废，多亏李北山总编的宽容、支持和鼓励，在此由衷地表示感谢！也要感谢我的母亲和妻子，她们承担了许多家务，让我能集中精力写作。

曹 荣

2020年3月22日

作者简介

马海方,汉族,1956年生于北京,1981年毕业于中央美术学院中国画系。师从卢沉、姚有多、刘渤舒诸先生。中国美术家协会会员,荣宝斋画院教授,荣宝斋签约画家,北京文史馆馆员,文化部国韵文华书画院艺术委员会副主席。

曹荣,民俗学专业博士,2008年毕业于北京师范大学民俗学与文化人类学研究所。现任教于中国劳动关系学院社会工作学院,副教授,硕士生导师。目前研究领域涉及北京民俗文化研究、村落研究、乡村天主教及民间宗教研究、日常生活变革研究等。

图书在版编目（CIP）数据

中国风俗图志. 北京卷 / 刘晓峰，李北山总主编；马海方绘；曹荣著. —济南：泰山出版社，2020.8
　　ISBN 978-7-5519-0611-1

Ⅰ.①中… Ⅱ.①刘…②李…③马…④曹… Ⅲ.①风俗习惯—北京—图集 Ⅳ.①K892-64

中国版本图书馆CIP数据核字（2020）第022921号

ZHONGGUO FENGSU TUZHI · BEIJING JUAN
中国风俗图志·北京卷

策　　划	胡　威
绘　　者	马海方
著　　者	曹　荣
责任编辑	王艳艳
装帧设计	路渊源

出版发行	泰山出版社
社　　址	济南市泺源大街2号　邮编　250014
电　　话	综　合　部（0531）82023579　82022566
	市场营销部（0531）82025510　82020455
网　　址	www.tscbs.com
电子信箱	tscbs@sohu.com
印　　刷	东港股份有限公司
开　　本	890毫米×1240毫米　16开
印　　张	16
字　　数	280千字
图　　片	98幅
版　　次	2020年8月第1版
印　　次	2020年8月第1次印刷
标准书号	ISBN 978-7-5519-0611-1
定　　价	106.00元